D1728050

Annemarie Wildeisen

Was koche ich heute?

156 Koch-Ideen durch das ganze Jahr

meyers
modeblatt
Die besten Rezepte

© 1989 VERLAG MEYER AG ZÜRICH
Fotos: Doris und Robert Wälti, Schüpfen BE
Gestaltung: Esther und Harry Emmel, Zürich
Lithos: Repro-Scan AG, Zürich
Druck: MEYER DRUCK AG JONA
Printed in Switzerland
ISBN 3 907025 01 6

Zu diesem Buch

Auch wenn man beruflich mit Kochen zu tun hat, stellt man sich gelegentlich ratlos die Frage: Was koche ich denn heute? Und gerade in solchen Momenten sucht man in erster Linie nach Rezepten für die Alltagsküche. Davon bin ich ausgegangen beim Zusammenstellen der Gerichte und Menüvorschläge für dieses Buch. Natürlich findet man auch Ideen für eine Gästerunde, aber sie bilden eindeutig die Minderheit. Damit Sie bereits beim Durchblättern Appetit bekommen, ist jedes Gericht im Bild vorgestellt – das Buch ist also auch eine fotografierte Menükarte.

Das Buch möchte aber nicht nur Anregungen bieten für das tägliche Kochen, sondern es soll auch so etwas wie ein kulinarischer Führer durch die Jahreszeiten sein. Immer wieder erlebe ich beim Unterrichten in meiner Berner Kochschule, dass auch versierte Hausfrauen und Hobbyköche nicht mehr genau wissen, wann eigentlich genau was Saison hat. Es sind nur noch einige ganz wenige Nahrungsmittel, die nicht das ganze Jahr hindurch problemlos erhältlich sind. Für alle, die gerne wieder bewusster mit den Gemüsen und Früchten aus einheimischer Ernte kochen möchten, habe ich monatsweise einen Kalender zusammengestellt, der Auskunft darüber gibt, was auf dem Markt zu finden ist. Je nach Witterungsverhältnissen kann sich natürlich die Haupternte zwei bis drei Wochen früher oder später einstellen als vermerkt. Aber wer einmal eine Zeitlang ganz bewusst auf das Marktangebot achtet, braucht unseren Saisonkalender ohnehin schon bald nicht mehr. Der beste Ratgeber ist nämlich unser Gaumen: Sie werden staunen, wieviel besser frisch geerntete Gemüse und Früchte schmecken als solche, die aus Transportgründen noch vor dem vollständigen Ausreifen abgelesen werden.
Ebenfalls Orientierungshilfe bei der Auswahl sind die verschiedenen Symbole, die man bei jedem Rezept findet. Sie charakterisieren das betreffende Gericht von seiner praktischen Seite her.

Ein besonderer Dank gilt Madeleine Schürpf, die als Redaktorin meine Manuskripte und Rezepte mit so viel Akribie durchliest, sowie Doris und Robert Wälti-Portner, mit denen das Fotografieren nicht nur Arbeit, sondern stets auch ein Vergnügen ist.

Nun hoffe ich, dass Sie in der Meyers Modeblatt-Rezeptsammlung durch die vier Jahreszeiten jeweils eine anregende Antwort auf ihre Frage »Was koche ich heute?« finden.

 Schnell: Für die Zubereitung werden mitsamt Rüsten höchstens 30 Minuten gebraucht.

 Braucht für die Zubereitung Zeit: Vom Arbeitsaufwand und von der Kochzeit her benötigt man insgesamt mehr als 1½ Stunden, bis das Gericht auf dem Tisch steht.

 Zum Vorbereiten: Entweder kann das Gericht fertiggestellt, bis auf das Überbacken vorbereitet oder braucht nur noch aufgewärmt zu werden.

 Unkompliziert: Das Kochen oder Backen braucht zwar seine Zeit, die Zubereitung ist jedoch ganz einfach und auch für Kochanfänger leicht nachvollziehbar.

 Eher teuer: Die Hauptzutaten gehören in die Kategorie der teureren Lebensmittel.

 Preisgünstig: Meistens handelt es sich bei den preiswerten Nahrungsmitteln auch um solche, die man ohnehin zu Hause im Vorrat hat.

 Auch als Vorspeise geeignet: In kleineren Portionen ist das Gericht auch eine Vorspeise. Meistens reicht die rezeptierte Menge in diesem Falle anstatt für 4 Personen für 6–8 Personen.

 Fleischloses Hauptgericht: Ein Gericht, das nicht nur Beilage, sondern vollwertige Mahlzeit sein kann.

Ihre Annemarie Wildeisen

Inhalt

Frühling

*Draussen grünt und blüht es – und ebenso frisch und grün
ist in den Monaten März, April und Mai das Marktangebot.
Dies spornt zu neuen Küchentaten an, denn viele dieser
Frühlingsköstlichkeiten haben nur eine ganz kurze Saison.*

Rezept Seite 9

Frühlings-Marktnotizen

Gemüse

	März	April
Was in Hülle und Fülle zu finden ist	*Aus Inlandernte:* Brunnenkresse, Champignons, Chicorée, Bodenkohlrabi, Gartenkresse, Karotten, Kartoffeln, Knollensellerie, Löwenzahn, Nüsslisalat, Portulak, Radieschen, Randen, Rotkabis, Schwarzwurzeln, Suppensellerie, Topinambur, Weisskabis, Wirz, Zwiebeln.	*Aus Inlandernte:* Brunnenkresse, Champignons, Cicorino rosso, Gartenkresse, Karotten, Kartoffeln, Knollensellerie, Kopfsalat, Krautstiele, Lauch grün, Löwenzahn, Portulak, Rettich, Rotkabis, Schnittsalat, Spargel, Spinat, Suppensellerie, Zwiebeln.
	Import: Artischocken, Auberginen, Blumenkohl, Chinakohl, Eisbergsalat, Endivie, Fenchel, Gurken, Kohlrabi, Peperoni, Rettich, Tomaten, Zucchetti.	*Import:* Artischocken, Auberginen, Blumenkohl, Broccoli, Endivie, Gurken, Peperoni, Tomaten, Zucchetti.
Im Kommen	*Aus Inlandernte:* Cicorino rosso, Kopfsalat, Krautstiele, Lauch grün, Schnittsalat, Spargel, Spinat.	*Aus Inlandernte:* Eisbergsalat, Kohlrabi, Lattich, Lattughino, Rüben, Spitzkabis, Frühkartoffeln.
Im Auslaufen	Federkohl, Lattich, Lauch gebleicht, Pastinaken, Rosenkohl, Rüben.	Bodenkohlrabi, Chicorée, Lauch gebleicht, Nüsslisalat, Randen, Schwarzwurzeln, Topinambur, Wirz.

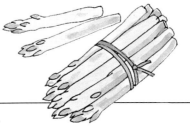

Früchte

Was in Hülle und Fülle zu finden ist	Äpfel, Avocados, Bananen, Grapefruits, Mangos, Kiwis, Orangen, Zitronen.	Äpfel, Ananas, Avocados, Bananen, Grapefruits, Kiwis, Rhabarber, Zitronen.
Im Kommen	Rhabarber.	
Im Auslaufen	Birnen, Mandarinen.	Birnen.

Mai

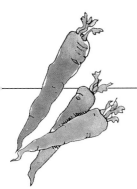

Aus Inlandernte:
Brunnenkresse, Champignons, Eisbergsalat, Gartenkresse, Karotten, Kohlrabi, Kopfsalat, Krautstiele, Lattich, Lattughino, Lauch grün, Radieschen, Rettich, Schnittsalat, Spargel, Spinat, Spitzkabis, Suppensellerie, Weiskabis, Zwiebeln.

Import:
Artischocken, Auberginen, Endivie, Fenchel, Frühkartoffeln, Gurken, Peperoni, Tomaten, Zucchetti.

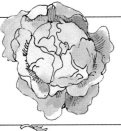

Aus Inlandernte:
Blumenkohl, Bohnen, Broccoli, Catalogna, Chinakohl, Cima di rapa, Fenchel, Gurken, Kefen, Schnittmangold, Tomaten, Wirz, Zucchetti.

Cicorino rosso, Knollensellerie, Löwenzahn, Portulak, Randen, Rotkabis.

Äpfel, Avocados, Bananen, Grapefruits, Kiwis, Orangen, Rhabarber, Zitronen.

Erdbeeren, Kirschen.

Spargelgratin
Für 4 Personen
2 Bund grüner oder weisser Spargel
Salzwasser
je 1 Teelöffel Zucker und Butter
250 g Speisequark
2 Eier
100 g Mascarpone
Salz, Pfeffer aus der Mühle
50 g geriebener Sbrinz
einige Butterflöckchen

1. Den grünen Spargel an den Enden um einen Drittel kürzen; wenn nötig im hinteren Teil leicht schälen. Weisser Spargel wird ebenfalls an den Enden gekürzt und dann möglichst grosszügig geschält.
2. Den Spargel in reichlich Salzwasser mit dem Zucker und der Butter knapp weich kochen. Sorgfältig herausheben und gut abtropfen lassen. Dann den hintersten Drittel des Stengels abschneiden.

3. Diese Spargelabschnitte mit dem Quark, den Eiern und dem Mascarpone im Mixer fein pürieren. Pikant mit Salz und Pfeffer würzen.
4. Eine feuerfeste Form ausbuttern und den gekochten Spargel hineinlegen. Das Spargelpüree darüber verteilen und alles mit dem Käse bestreuen. Grosszügig Butterflöckchen darüber verteilen.
5. Den Spargelgratin im auf 220 Grad vorgeheizten Ofen auf der mittleren Rille während 12–15 Minuten leicht überbacken.

9

Spinat-Pizokel mit Krautstielen

Für 4 Personen

*1 Bund Krautstiele
(ca. 500 g)
2 Esslöffel Butter
Salz, Pfeffer aus der Mühle
300 g Spinat-Pizokel
2 Frühlingszwiebeln oder
1 grosse Zwiebel
2 Esslöffel Butter
150 g geriebener Bündner
Bergkäse
75 g flüssige Butter*

1. Die Krautstiele rüsten. Dabei die schönen Blätter zur weiteren Verwendung auf die Seite legen. Die Stiele in Streifen schneiden und in siedendem Salzwasser knapp weich kochen. Abschütten und gut abtropfen lassen.

2. Die Krautstielblätter ebenfalls in Streifen schneiden und in der warmen Butter andünsten, bis sie zusammenfallen. Die Stiele beifügen und einen Moment mitdünsten. Alles mit Salz und Pfeffer würzen.

3. In der Zwischenzeit die Pizokel nach Anweisung auf der Packung zubereiten.

4. Die Frühlingszwiebeln mitsamt dem unteren Teil der Röhrchen in feine Ringe schneiden und mit etwas Butter in einer Bratpfanne auf kleinem Feuer goldgelb braten.

5. Die Pizokel abschütten und gut abtropfen lassen. Mit den Krautstielen mischen und lagenweise mit dem geriebenen Käse und der flüssigen Butter in eine Gratinform schichten. Mit den Zwiebelringen decken.

6. Die Pizokel im auf 220 Grad vorgeheizten Backofen während 8–10 Minuten überbakken, bis der Käse geschmolzen ist. Sofort servieren.

Tip

Besonders gut schmeckt dieses Gericht, wenn es mit Pizzoccheri zubereitet wird, den dunkelbraunen Spätzli aus Buchweizenmehl. Diese Spezialität aus dem Puschlav und Veltlin gibt es in Reformhäusern und in den Lebensmittelabteilungen grosser Warenhäuser zu kaufen.

10

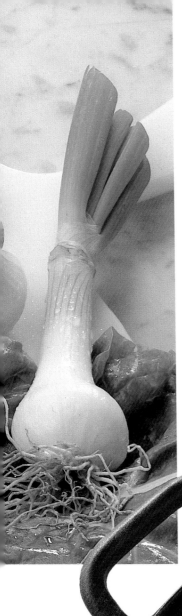

Überbackene Schinkenrollen auf Krautstielen

Für 4 Personen

1 kg Krautstiele
1 Esslöffel Butter
1 dl Bouillon
Salz, Pfeffer aus der Mühle
1 grosse Zwiebel
1 Bund Petersilie
1 Esslöffel Butter
8 Scheiben Schinken
(ca. 300 g)
1 dl Rahm
50 g geriebener Sbrinz
800 g neue Kartoffeln
eingesottene Butter zum
Braten

1. Die Krautstiele waschen, rüsten und mitsamt Blättern in Streifen schneiden. In einer grossen Pfanne die Butter schmelzen und die Krautstiele andünsten. Dann die Bouillon dazugiessen und das Gemüse zugedeckt knapp weich dünsten. Mit Salz und Pfeffer abschmecken.
2. In der Zwischenzeit die Zwiebeln schälen und fein hacken. Die Petersilie ebenfalls fein hacken. Beides in der Butter so lange auf kleinem Feuer dünsten, bis die Zwiebeln weich sind.
3. Die Schinkenscheiben ausbreiten und jede mit etwas Zwiebel-Masse bestreichen. Aufrollen.
4. Eine Gratinform ausbuttern und die Krautstiele mitsamt Garflüssigkeit hineingeben. Die Schinkenrollen darauflegen und mit dem Rahm beträufeln. Zuletzt den geriebenen Sbrinz darüberstreuen.
5. Die Schinkenrollen im auf 220 Grad vorgeheizten Ofen auf der untersten Rille während ca. 15 Minuten überbakken.

6. Die neuen Kartoffeln unter fliessendem Wasser bürsten, jedoch nicht schälen. In einer Bratpfanne etwas eingesottene Butter erhitzen, die Kartoffeln beifügen, leicht salzen und unter öfterem Wenden auf mittlerem Feuer während ca. 25 Minuten weich braten. Separat zu den Schinkenrollen servieren.

Tip
Verwenden Sie unbedingt die grünen Blatteile der Krautstiele mit; sie verleihen dem Gemüse nicht nur Farbe, sondern schmecken spinatähnlich.

Schinkenmousse

Für 4–6 Personen

400 g saftiger, gekochter Schinken
1 dl Sulz
½ dl Rahm
3 Esslöffel gehackte glattblättrige Petersilie
reichlich schwarzer Pfeffer

1. Den Schinken in Würfel oder Streifen schneiden.
2. Die Sulz nach Vorschrift auf der Packung zubereiten und kochend heiss zusammen mit dem Schinken in den Mixer geben. Fein pürieren. Den Rahm beifügen und die feingehackte Petersilie daruntermischen. Mit reichlich Pfeffer abschmecken.
3. Die Mousse in eine kleine Terrinen- und Souffléform füllen und zugedeckt im Kühlschrank mindestens drei Stunden durchkühlen lassen.

Tip

Besonders fein wird die Mousse, wenn man einen aromatischen und saftigen Beinschinken verwendet. Vorsicht beim Würzen: Der Schinken ist bereits gesalzen! Am besten schmeckt die Schinkenmousse, wenn sie am Vortag zubereitet wird.

Die Menü-Idee

Serviert man die Mousse als kleines Essen, so passt im Sommer ein Tomatensalat mit viel frischem Basilikum dazu.

Hausmacher-Fleischkäse
Für 4 Personen

1 Rüebli
½ kleiner Peperone
1 Esslöffel Butter
1 Bund Petersilie
600 g Kalbsbrät
Pfeffer, Paprika

1. Das Rüebli und den Peperone in ganz kleine Würfelchen schneiden und in der Butter kurz dünsten. Auskühlen lassen.

2. In der Zwischenzeit die Petersilie fein hacken.

3. Die Gemüse und die Petersilie zum Brät in eine Schüssel geben. Mit Pfeffer und Paprika nachwürzen und gut mischen.

4. Den Fleischteig in eine Aluschale oder Cakeform verteilen. Im auf 180 Grad vorgeheizten Ofen auf der untersten Rille während 45–50 Minuten backen. Heiss oder kalt servieren.

Die Menü-Idee
Originelle Beilage ist ein Risotto mit Spinat und Steinpilzen S. 123

13

Gefüllte
Artischockenböden
Délice

Für 4 Personen als Vorspeise

4 grosse Artischocken
Füllung:
200 g frische Champignons
75 g Rohschinken
1 Schalotte
2 Esslöffel Kochbutter
1 Esslöffel gehackte Petersilie
Salz, Pfeffer aus der Mühle
Sauce:
½ dl Noilly Prat (trockener
Vermouth) oder trockener
Sherry
1 dl Hühnerbouillon
1 dl Doppelrahm oder Rahm
abgeriebene Schale von
½ Zitrone
Salz, weisser Pfeffer
1 Eigelb

1. Den Stiel der Artischocken mit einem scharfen Messer abschneiden. Das oberste Viertel jeder Artischocke wegschneiden und diese unter fliessendem Wasser gut waschen.

2. Reichlich Salzwasser mit dem Zitronensaft und der Butter oder dem Öl aufkochen, die Artischocken hineingeben und auf kleinem Feuer je nach Grösse und Alter während 30–45 Minuten kochen lassen. Sie sind gar, wenn sich ein Blatt mühelos herauszupfen lässt.

3. Die Artischocken herausnehmen, gut abtropfen lassen, indem man sie einen Moment auf den Kopf stellt. Dann die Blätter vollständig ablösen und das Heu mit einem Löffel entfernen. Die Artischockenböden über Dampf warm halten oder unmittelbar vor dem Servieren in wenig kochendem Salzwasser kurz wärmen.

4. Für die Füllung die Champignons waschen und in Scheiben schneiden. Den Rohschinken in Streifen schneiden. Die Schalotte fein hacken.

5. Die Schalotte in der warmen Butter kurz andünsten, dann den Rohschinken und die Pilze beifügen und etwa 5 Minuten dünsten. Zuletzt die Petersilie daruntermischen und die Füllung mit Salz und Pfef-

fer würzen. Herausnehmen und warm stellen.

6. Den Noilly Prat oder Sherry sowie die Bouillon in die Pfanne giessen und zur Hälfte einkochen lassen.

7. Den Rahm beifügen und die Sauce mit der Zitronenschale, Salz und Pfeffer abschmecken.

8. Die kochendheisse Sauce vom Feuer nehmen und unter Rühren mit dem Schwingbesen das Eigelb darunterrühren. Die Sauce nicht mehr kochen, sonst gerinnt das Eigelb.

9. Die warmen Artischockenböden auf Teller anrichten, mit

der Pilzmasse füllen und die Sauce darüberziehen.
Sofort servieren.

Tip

Die Artischockenböden können auch im voraus gefüllt und in eine Gratinform gestellt werden. Unmittelbar vor dem Servieren die Sauce darübergeben und alles im auf 220 Grad vorgeheizten Ofen während 8–10 Minuten überbacken.

Die Menü-Idee

Als Hauptgericht: Gefüllte Pouletbrüstchen an Marsala-Sauce S. 31 oder Lamm im Hemd S. 27.
In der doppelten Portion sind die Artischockenböden – mit Reis serviert – auch eine eigenständige Mahlzeit.

Forellen Zuger Art
Für 4 Personen

4 Forellen oder Felchen
Salz, weisser Pfeffer
40 g Butter
½ dl Weisswein
2 Schalotten oder kleine
Zwiebeln
1 Bund Petersilie
1 Bund Schnittlauch
je 1 Teelöffel frischer
Thymian, Estragon und
Basilikum
2 dl Weisswein
½ dl Gemüsebouillon oder
Fischfond
1,5 dl Rahm
1 Teelöffel Butter
1 Teelöffel Mehl
Salz, weisser Pfeffer
1 Spritzer
Worcestershiresauce
2–3 Tropfen Tabasco

1. Die ganzen Fische unter fliessendem kaltem Wasser waschen, mit Haushaltspapier trocken tupfen und innen und aussen mit Salz und Pfeffer würzen.
2. In einer Bratpfanne die Butter schmelzen und auf kleinem Feuer die Forellen auf jeder Seite je nach Grösse 2–3 Minuten leicht anbraten. Herausnehmen, in eine gut ausgebutterte Gratinform legen und mit dem Weisswein beträufeln. Die Form mit Alufolie verschliessen und in den auf 150 Grad vorgeheizten Ofen stellen; bis die Sauce zubereitet ist, garen die Fische noch ganz fertig.

3. Die Schalotten und sämtliche Kräuter fein schneiden. Im Bratensatz kurz dünsten, dann mit dem Weisswein und der Bouillon ablöschen. Gut zur Hälfte einkochen lassen. Den Rahm beifügen und noch einen Moment weiterkochen lassen.
4. Die Butter und das Mehl mit einer Gabel verkneten und in die Sauce geben. So lange weiterköcheln lassen, bis die Sauce bindet. Mit Salz, Pfeffer, Worcestershiresauce und Tabasco pikant abschmecken.
5. Die Fische auf vorgewärmte Teller anrichten und mit der Sauce überziehen. Wer lieber zuerst die Fische filetiert und enthäutet, serviert die Sauce separat.

Die Menü-Idee
Zur Vorspeise:
Erbsenschaumsüppchen
S. 28
Beilage zum Fisch:
Mandelreis oder
Salzkartoffeln
Zum Dessert: Gebackener
Rhabarber mit Streusel und
Vanillesauce S. 47

15

Joghurt-Kaltschale mit Gurken und Tomaten

Für 4 Personen

1 grosse Salatgurke
2 grosse Fleischtomaten
1 kleine Zwiebel
1–2 Knoblauchzehen
6 Becher Joghurt nature
(ca. 1,1 l)
1 Teelöffel Salz
reichlich Pfeffer aus der
Mühle
2 Esslöffel frischer gehackter
Dill

1. Die Gurke waschen, jedoch nicht schälen, der Länge nach halbieren, entkernen und an der Röstiraffel reiben.

Leicht ausdrücken und den austretenden Saft weggiessen.
2. Die Tomaten quer halbieren, die Kerne herauskratzen und das Fleisch in kleine Würfelchen schneiden.
3. Die Zwiebel und den Knoblauch so fein wie möglich hakken.
4. Den Joghurt in eine Schüssel geben und mit einer Gabel schaumig rühren. Dann die Gurken, die Tomaten, die Zwiebel und den Knoblauch beifügen und alles mit Salz, Pfeffer und Dill würzen.
Vor dem Servieren mit Folie bedeckt mindestens zwei Stunden im Kühlschrank durchziehen lassen.

Die Menü-Idee

Ein erfrischender und kalorienfreundlicher Auftakt zu jedem Mittag- oder Abendessen, der den Salat ersetzt.

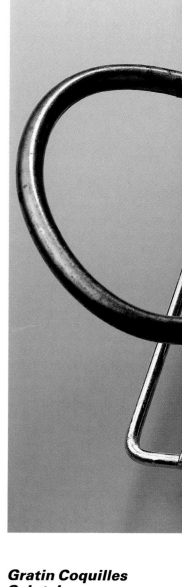

Gratin Coquilles Saint-Jacques

Für 4 Personen

1 dl trockener Weisswein
½ dl Noilly Prat
(trockener Vermouth) oder
trockener Sherry
2 dl Wasser
1 Rüebli
1 Stück Sellerie
1 Stück Lauch
1 Zwiebel
1 Lorbeerblatt
Salz, weissen Pfeffer aus der
Mühle
400 g Coquilles Saint-Jacques
(ohne Schalen)
1 Esslöffel Butter
1 Esslöffel Mehl

250 g Champignons
2 Esslöffel geriebener
Parmesan
1 dl Rahm
einige Butterflöckchen

1. Den Wein, den Noilly Prat und das Wasser in eine Pfanne geben.

2. Das Rüebli schälen und vierteln. Den Sellerie schälen und in kleine Stücke schneiden. Den Lauch in Ringe schneiden. Die Zwiebel vierteln.

3. Alle Gemüse und das Lorbeerblatt zur Flüssigkeit in der Pfanne geben und aufkochen. Leicht salzen und pfeffern.

4. Nach 15 Minuten Kochzeit die Gemüse und das Lorbeerblatt herausnehmen und die Coquilles Saint-Jacques in den Sud geben und ca. 6 Minuten vor dem Siedepunkt ziehen lassen; nicht kochen, sonst trocknen sie aus. Herausnehmen, abtropfen lassen und in gut ausgebutterte Portionenformen oder eine flache Gratinform verteilen.

5. In einer kleinen Pfanne die Butter schmelzen, das Mehl beifügen und unter Rühren 1 Minute andünsten. Dann unter Weiterrühren den Sud, in dem die Coquilles gegart wurden, dazugiessen.

6. Die Champignons in Scheiben schneiden und in die Sauce geben. Unter stetem vorsichtigem Rühren gut 5 Minuten köcheln lassen. Dann den Parmesan und den Rahm beifügen und wenn nötig mit Salz und Pfeffer nachwürzen.

7. Die Sauce über die Coquilles verteilen und Butterflöckchen darübergeben. Im auf 220 Grad vorgeheizten Ofen auf der untersten Rille goldbraun überbacken.

Die Menü-Idee
Anstelle von Reis oder Salzkartoffeln kann man frisch gebackenes Blätterteiggebäck, z. B. in Form einer Muschel oder eines Fisches, dazu servieren.

Scampi an Zitronensauce

Für 4 Personen

16–20 Scampi
etwas Zitronensaft
ca. 200 g Blätterteig
1 Eigelb zum Bepinseln
50 g Butter
abgeriebene Schale und Saft
von 1 Zitrone
1 Teelöffel Mehl
½ Teelöffel Salz
weisser Pfeffer aus der
Mühle
1 Esslöffel scharfer Senf
¼ dl Cognac
1 dl Weisswein
1 dl Vollrahm
1 Esslöffel frischer gehackter
Dill oder 1 Teelöffel
getrockneter Dill
1 dl saurer Halbrahm

1. Die Scampi wenn nötig schälen, indem man mit einer Küchenschere die Bauchhaut beidseitig einschneidet, die Schale etwas ausbricht und dann das Fleisch sorgfältig herauslöst. Mit etwas Zitronensaft beträufeln und zugedeckt kühl stellen.

2. Den Blätterteig auswallen und in vier grosse Dreiecke oder Vierecke ausschneiden. Auf ein kalt abgespültes Backblech legen und sorgfältig mit Eigelb bepinseln. Eine Viertelstunde vor dem Servieren im auf 220 Grad vorgeheizten Ofen auf der untersten Rille goldbraun backen. Herausnehmen, vom Blech lösen und mit einem scharfen Messer die aufgegangenen Blätterteigkissen quer aufschneiden, so dass ein Boden und ein Deckel entsteht.

3. Die Butter bei Zimmertemperatur weich werden lassen, dann mit einer Kelle durchrühren, bis sich kleine Spitzchen bilden.

4. Die Zitronenschale, den Saft, das Mehl, das Salz, den Pfeffer und den Senf nacheinander in die Butter einarbeiten. Am besten geht dies mit einer Gabel.

5. Die Zitronenbutter in einer Bratpfanne schmelzen und die Scampi auf kleinem Feuer rasch in der Butter wenden. Mit dem Cognac begiessen. Die Scampi herausnehmen und warm stellen.

6. Den Bratensatz mit dem Weisswein ablöschen, zur Hälfte einkochen lassen, dann den Rahm und den Dill beifügen und 1–2 Minuten weiterköcheln lassen. Erst jetzt den Halbrahm und die Scampi beifügen, nur noch gut heiss werden lassen und die Sauce mit Salz und Pfeffer abschmekken.

7. Die Scampi auf die warmen Blätterteigböden verteilen und je mit einem Deckel belegen. Sofort servieren.

Tip

Wesentlich schneller ist das Gericht zubereitet, wenn man fertige Blätterteigpastetchen kauft. Anstelle von Scampi kann man Crevetten verwenden.

Die Menü-Idee

Zur Vorspeise: Zucchetti italienische Art S. 53
Zum Dessert: Vanilleglace mit einer Fruchtsauce oder Erdbeercreme S. 44

18

Gesulzte Roquefort-Eier

Für 6 kleine Becherförmchen
à 1 dl Inhalt

3 Hühnereier oder 9–12
Wachteleier
100 g Roquefort
1 dl Vollrahm
5 dl Sulze, aus 4 dl Wasser
und 1 dl trockenem Sherry
zubereitet

1. Die Hühnereier während 8 Minuten, die Wachteleier während 4 Minuten ab Siedepunkt kochen lassen. Dann sofort mit kaltem Wasser abschrecken.

2. Die Sulze nach Angabe auf der Packung zubereiten, jedoch einen Teil des Wassers durch Sherry ersetzen. 1 dl der flüssigen Sulze abmessen und im Massgefäss in den Kühlschrank stellen. Die restliche Sulze in die Becherförmchen verteilen und diese ebenfalls kühlstellen.

3. Den Käse mit Hilfe eines Löffels durch ein Sieb in eine kleine Schüssel passieren.

4. Den Rahm in einer zweiten Schüssel steif schlagen.

5. Den Käse sorgfältig mit dem Schlagrahm mischen. Dann die erkaltete, noch nicht steife Sulze aus dem Massgefäss langsam dazurühren.

6. Die Eier schälen. Die Hühnereier quer halbieren, die Wachteleier ganz belassen. Auf die erstarrte Sulze in den Becherformen je eine Eihälfte mit der Schnittfläche nach unten setzen. Dann die Roquefortmasse darüber verteilen; die Formen auf den Tisch klopfen, damit sich die Masse gut setzt. Die Becherformen zum Erstarren in den Kühlschrank stellen.

7. Zum Anrichten die Förmchen kurz in warmes Wasser tauchen. Auf Teller stürzen und nach Belieben mit Kresse und Tomatenwürfelchen ausgarnieren.

Geschnetzeltes Kalbfleisch an Zitronensauce

Für 4 Personen

500–600 g Kalbfleisch (z. B. falsches Filet oder Nuss)
wenig Mehl zum Bestäuben
1 Esslöffel eingesottene Butter
Salz, Pfeffer aus der Mühle
1 dl Weisswein
1 dl Bouillon
Saft von 1 Zitrone
abgeriebene Schale von ½ Zitrone
1 Messerspitze Fleischextrakt
50 g Butter
4 Esslöffel Rahm
1 Prise Cayennepfeffer

Roquefort-Kartoffeln

Für 4 Personen

8 mittlere Kartoffeln
100 g Roquefort oder ein anderer Blauschimmelkäse
1 Becher saurer Halbrahm (180 g)
2 Bund Schnittlauch
Salz, schwarzer Pfeffer

1. Die Kartoffeln unter fliessendem Wasser gut waschen. Ungeschält auf ein Backblech legen und auf der untersten Rille des auf 200 Grad vorgeheizten Ofens je nach Grösse 45–60 Minuten backen. Etwas auskühlen lassen.

2. Die Kartoffeln halbieren und mit einem Löffel oder Apfelausstecher aushöhlen, ohne dabei die Schale zu verletzen.

3. Die Kartoffelmasse mit einer Gabel fein zerdrücken. Den Roquefort durch ein Sieb dazustreichen. Den sauren Halbrahm beifügen und alles gut mischen. Den Schnittlauch fein schneiden und zur Füllung geben. Pikant mit Salz und Pfeffer abschmecken.

4. Die Füllung in die ausgehöhlten Kartoffeln füllen und diese in eine ausgebutterte Gratinform stellen. Die Backofenhitze auf 220 Grad erhöhen und die Kartoffeln auf der mittleren Rille während 15–20 Minuten überbacken.

Die Menü-Idee

Originelle Beilage zu Rindscurry mit Spinat und Tomaten S. 59, gefülltem Rindsbraten italienische Art S. 55 oder Grilladen.

20

1. Das Kalbfleisch von Hand in nicht zu kleine Streifen schneiden. Unmittelbar vor dem Anbraten mit etwas Mehl bestäuben, dann portionenweise in der heissen Butter anbraten. Herausnehmen, mit Salz und Pfeffer würzen und zugedeckt warm stellen.

2. Den Bratensatz mit dem Weisswein auflösen, und diesen zur Hälfte einkochen lassen.

3. Dann die Bouillon, den Zitronensaft, die Zitronenschale und den Fleischextrakt beifügen und alles zur Hälfte einkochen lassen.

4. Zuletzt die Butter in Stükken beigeben; dabei nicht rühren, sondern die Pfanne kreisend auf der Herdplatte drehen. Mit dem Rahm verfeinern

und die Sauce mit Cayenne, Salz und Pfeffer abschmekken. Das Fleisch in die Sauce geben und nur noch heiss werden lassen. Sofort servieren.

Die Menü-Idee

Zur Vorspeise: Überbackener grüner Spargel italienische Art S. 35
Als Beilage: Rösti aus rohen Kartoffeln
Zum Dessert: Ausgebackene Holunderblüten S. 45 oder Erdbeercreme S. 44

Kartoffelpastetli mit Frühlingsgemüse

Für 4 Personen

750 g Kartoffeln
1 Ei
50 g Butter
4 Esslöffel Milch
Salz, Pfeffer, Muskatnuss
1 Eigelb zum Bestreichen
Füllung:
800 g Frühlingsgemüse,
z. B. Rüebli, Erbsen, Kefen,
Kohlräbli, Blumenkohl,
Champignons usw.
3 dl Gemüsebouillon
1 Eigelb
1 dl steifgeschlagener Rahm
Salz, Pfeffer
wenig abgeriebene
Zitronenschale

1. Die Kartoffeln in der Schale in wenig Wasser weich kochen. Etwas auskühlen lassen, schälen und durchs Passevite treiben. Mit dem Ei, der weichen Butter sowie der Milch gut mischen und mit Salz, Pfeffer und Muskat würzen.
2. Ein Backblech mit Blechreinpapier belegen und dieses leicht bebuttern. Den Kartoffelstock in einen Spritzsack mit Sterntülle füllen und acht pastetliartige Gebilde spritzen. Sorgfältig mit etwas Eigelb bepinseln. In den kalten Ofen auf der untersten Rille einschieben, auf 200 Grad schalten und die Pastetli 25–30 Minuten backen.
3. Die Gemüse rüsten und je nach Grösse in mundgerechte Stücke schneiden. In der Gemüsebouillon zugedeckt knapp weich kochen; die Gemüse sollen noch «Biss» haben. Während des Kochens die Pfanne mehrmals gut durchrütteln, damit die Gemüse gleichmässig gar werden.
4. Die Gemüse sorgfältig herausheben und zugedeckt warmstellen.
5. Den Sud auf grossem Feuer etwas einkochen lassen. Vom Feuer nehmen, das Eigelb mit dem Schwingbesen darunterschlagen, ebenso den geschlagenen Rahm. Die Schaumsauce mit Salz, Pfeffer und wenig abgeriebener Zitronenschale nachwürzen. Die Gemüse beifügen und mit der Sauce in die Pastetli verteilen. Sofort servieren.

Kalbsvoressen mit Spargelspitzen und Silberzwiebelchen

Für 6 Personen

500 g Kalbsbrust
500 g Kalbsschulter
1 Zwiebel
1 Lorbeerblatt
2 Nelken
2 Rüebli
1 Stück Sellerie
1 Lauchstengel
1 Stück Zitronenschale
je 1 Zweig Rosmarin und
Thymian
5 dl Weisswein
Salz, Pfeffer aus der Mühle
18–24 Silberzwiebelchen

1 Esslöffel Butter
1 Dose grüne Spargelspitzen
3 Eigelb
1,5 dl Doppelrahm oder
Vollrahm
½ dl Portwein oder Sherry
Salz, Pfeffer aus der Mühle
1 Prise Muskat
wenig Zitronensaft

1. Das Fleisch in 5–6 cm grosse Würfel schneiden.
2. Die Zwiebel halbieren und mit einem Lorbeerblatt und den Nelken spicken.
3. Das Gemüse rüsten und in Stücke schneiden.
4. Das Fleisch, das Gemüse, die Zitronenschale, die Kräu-

ter, den Wein und so viel kaltes Wasser in einen grossen Topf geben, dass alles gut mit Flüssigkeit bedeckt ist. Aufkochen und auf kleinem Feuer vor dem Siedepunkt während 1½–2 Stunden kochen lassen. Das Fleisch soll so weich sein, dass es fast auseinanderfällt.
5. In der Zwischenzeit die Zwiebelchen schälen und ganz in der Butter andünsten. Wenn sie beginnen, Farbe anzunehmen, etwas von der Garflüssigkeit des Fleisches dazugießen und die Zwiebelchen auf kleinem Feuer weich schmoren.
6. Das Fleisch in ein Sieb ab-

giessen, dabei den Sud auffangen. Mit etwas Flüssigkeit bedeckt warm stellen.
7. Den restlichen Sud in einer eher weiten Pfanne während 15 Minuten auf starkem Feuer einkochen lassen. In den letzten 5 Minuten die Zwiebelchen und die gut abgetropften Spargelspitzen beifügen und auf kleineres Feuer schalten.
8. Die Eigelb mit dem Rahm und dem Portwein verquirlen und in die Sauce geben. Noch einmal bis kurz vors Kochen bringen, jedoch nicht mehr kochen lassen, da sonst die Eigelb gerinnen. Mit Salz, Pfeffer, Muskat und Zitronensaft

würzen. Das Fleisch beifügen und nur noch heiss werden lassen.

Die Menü-Idee
Zur Vorspeise: Löwenzahnsalat mit Speck S. 36
Als Beilage: Trockenreis oder neue, in der Schale gebratene Kartoffeln
Zum Dessert: Savarin S. 46

23

Rüebligratin mit Kräuter-Brätkügelchen

Für 4 Personen

1 kg Rüebli
1 kleine Zwiebel
30 g Butter
2 dl Gemüse- oder
Hühnerbouillon
400 g Kalbsbrät
1 Bund Petersilie oder
frisches Basilikum
3 dl Gemüse- oder
Hühnerbouillon
Sauce zum Überbacken:
1 gehäufter Esslöffel Mehl
20 g Butter
3 dl Sud
¾ dl Rahm (ca. ½ Becher)
Salz, Pfeffer, Muskatnuss

1. Die Rüebli schälen, der Länge nach vierteln, dann in 2–3 cm lange Stücke schneiden. Die Zwiebel schälen und fein hacken.
2. In einer großen Pfanne die Butter erhitzen und die Zwiebel darin anziehen. Dann die Rüebli beifügen und einen Moment mitdämpfen. Mit der Bouillon ablöschen. Die Rüebli zugedeckt unter gelegentlichem Durchrütteln der Pfanne knapp weich kochen (ca. 15 Minuten). Abschütten, dabei die Garflüssigkeit auffangen. Die Rüebli in eine ausgebutterte Gratinform geben.
3. Das Kalbsbrät mit der feingehackten Petersilie oder dem Basilikum mischen. Mit einem Teelöffel kleine Kugeln abstechen und portionenweise in

der Bouillon während 2–3 Minuten pochieren. Herausnehmen, gut abtropfen lassen und auf den Rüebli verteilen.
4. Die Garflüssigkeit der Rüebli mit der Flüssigkeit von den Brätkügelchen auf 3 dl ergänzen.
5. In einem kleinen Pfännchen das Mehl in der warmen Butter unter Rühren andünsten.
6. Mit dem bereitgestellten Sud ablöschen und unter Weiterrühren aufkochen. Den Rahm beifügen und die Sauce noch 2–3 Minuten weiterköcheln lassen. Mit Salz, Pfeffer und Muskat abschmecken. Über den Gratin verteilen.

7. Den Rüebligratin im auf 220 Grad vorgeheizten Ofen auf der mittleren Rille während ca. 15 Minuten überbacken, bis sich auf den Brätkügelchen kleine braune Flecken gebildet haben.

Tip

Als Beilage passen Salzkartoffeln oder neue, in Butter gebratene Schalenkartoffeln.

24

Petersilienwähe

Für 6–8 Personen

Teig:
375 g Mehl
25 g Hefe
1 ½ dl lauwarmes Wasser
knapp 1 dl Öl
½ Teelöffel Salz
Belag:
150 g magerer
Frühstücksspeck
8 Bund Petersilie
4 dl Rahm
2 Eier
Salz, Pfeffer aus der Mühle
Muskatnuss

Die Menü-Idee

Wird die Petersilienwähe als Mahlzeit serviert, passen Randen- und Rüeblisalat, im Sommer auch ein Tomatensalat besonders gut dazu.
Die würzige Wähe passt auch ausgezeichnet zum Aperitif oder zu einem Glas Wein am Abend.

1. Zuerst den Teig zubereiten: Das Mehl in eine Schüssel sieben und in der Mitte eine Vertiefung anbringen. Die Hefe mit dem lauwarmen Wasser verrühren und in die Mehlmulde giessen. Mit etwas Mehl anrühren. Das Öl und das Salz ebenfalls beifügen und alles zu einem glatten Teig kneten. Zu einer Kugel formen und diese zugedeckt unter einem feuchten Tuch an einem warmen Ort ca. 40 Minuten gehen lassen.

2. Inzwischen den Frühstücksspeck in feine Streifchen schneiden. Die Petersilie waschen und grob hacken.

3. Ein grosses Backblech leicht bebuttern. Den Teig in der Grösse des Blechs auswallen und darauf auslegen.

4. Den Rahm leicht aufschlagen. Die Eier beifügen und kurz mitschlagen. Die Petersilie untermischen und den Guss pikant mit Salz, Pfeffer und Muskat würzen. Den Petersilien-Rahm-Guss auf dem Teigboden verteilen. Die Speckstreifen darüberstreuen.

5. Die Petersilienwähe auf der untersten Rille des auf 200 Grad vorgeheizten Ofens während 25–30 Minuten backen. Heiss servieren.

Lamm im Hemd
Für 6 Personen

1 Lammnüsschen oder 600 g
Gigot (ohne Bein)
<u>Fond:</u>
1 Tomate
1 Lauchstengel
2 Rüebli
1 Stück Sellerie
2–3 Esslöffel Öl
ca. 700 g Lamm- oder
Kalbsknochen
1 Zwiebel, besteckt mit
Lorbeerblatt und Nelke
2 Liter Wasser
einige Petersilienstengel
einige schwarze Pfefferkörner
<u>Füllung:</u>
200 g Champignons
200 g Lamm- oder Kalbsnierli
1 Zwiebel
1 Knoblauchzehe
2 Zweiglein Thymian
2 Blätter frische Salbei, oder
wenig Salbeipulver
Salz, Pfeffer
eingesottene Butter zum
Braten
750 g frischer oder ca.
350 g tiefgekühlter Blattspinat
1 Paket Blätterteig (400 g)
1 Eiweiss
1 Eigelb
2–3 Tropfen Öl
<u>Sauce:</u>
2 dl Fond
2 dl Rahm
4 Esslöffel Füllung
Salz, Pfeffer aus der Mühle

1. Das Lammnüsschen in vier
Stücke schneiden und diese in
der Mitte so aufschneiden,
dass sie gefüllt werden können. Den Gigot vom Metzger
ausbeinen lassen und in vier
Stücke teilen. Je nach Form eine Tasche hineinschneiden
oder flach aufschneiden, damit das Fleisch gerollt werden
kann.
2. Für den Fond die Tomate,
den Lauch, die Rüebli und den
Sellerie waschen, rüsten und
in grobe Stücke schneiden.

Ei im Töpfchen
Pro Person

1 möglichst frisches Ei
2 Esslöffel Rahm
Salz, Pfeffer aus der Mühle

<u>Grundrezept</u>

1. Kleine Portionen-Soufflé-
förmchen oder Tassen sehr
gut ausbuttern. 1 Esslöffel
Rahm auf den Boden geben.
Das Ei hineinschlagen, mit
Salz und Pfeffer würzen.
2. Die Förmchen in ein heisses Wasserbad stellen und im
Backofen bei 220 Grad oder
zugedeckt auf dem Herd in
einer Pfanne 10–12 Minuten
ziehen lassen; das Eigelb soll
noch flüssig sein.
3. Nach 8 Minuten Kochzeit
den zweiten Esslöffel Rahm
darübergeben.

<u>Variationen</u>
– Zubereitung wie auf dem
Bild: 1 Eigelb mit 4 Esslöffeln

Rahm, reichlich Schnittlauch,
Salz und Pfeffer mischen und
über das aufgeschlagene Ei
geben. Die Garzeit verlängert
sich um ca. 2 Minuten.
– Frische Kräuter mit dem
Rahm mischen.
– Ganz fein gehackten
Schinken und nach Belieben
frische Kräuter im Förmchen
verteilen.
– Gemüse in ganz feine
Streifchen (Juliennes)
schneiden, in wenig Butter
kurz andämpfen und auf dem
Förmchenboden verteilen.
Die Ei-Oberfläche evtl. mit
einigen Streifchen hübsch
garnieren.
– Geflügelleber oder Milken
ganz kurz anbraten (sie sollen
innen noch gut rosa sein!),
würzen und auf dem
Förmchenboden verteilen.
– Eine Sauce Béarnaise
zubereiten. Über das
aufgeschlagene Ei etwas feingehackten frischen Estragon
streuen, 2 Esslöffel Sauce

darüber verteilen und 15
Minuten im Ofen überbacken.
– Geflügel- oder Bratenreste
fein hacken, mit etwas Rahm
mischen, pikant würzen und
auf dem Förmchenboden
verteilen.
– Frischkäse (z. B. Boursin)
auf dem Boden verteilen.
– 2 Esslöffel Doppelrahm mit
wenig zerdrücktem grünem
Pfeffer mischen, mit wenig
Salz abschmecken und auf
dem Förmchenboden
verteilen.
– Frischen, grob gehackten
Spinat mit wenig Rahm
mischen, mit Salz, Pfeffer und
Muskat würzen. Auf dem
Förmchenboden verteilen,
das Ei darüberschlagen,
2 Esslöffel Sauce Hollandaise
darüber verteilen und 15
Minuten überbacken.

26

3. Das Öl in einer grossen Pfanne erhitzen und die Knochen, das Gemüse sowie die besteckte Zwiebel darin kräftig anbraten. Mit dem Wasser ablöschen. Die Petersilienstengel und die Pfefferkörner beifügen. Alles aufkochen. Dann auf kleinem Feuer während 3 Stunden sanft kochen lassen.

4. Den Fond absieben, dabei die Zutaten leicht ausdrücken. Die Flüssigkeit in die Pfanne zurückgeben und bei starker Hitze auf 2 dl einkochen lassen.

5. Für die Füllung die Champignons waschen, rüsten und zusammen mit den Lammnieren mit dem Wiegemesser oder im Cutter sehr fein hacken.

6. Die Zwiebel und die Knoblauchzehe schälen und zusammen mit dem Thymian und der Salbei ebenfalls sehr fein hacken. Dann mit der Champignon-Nieren-Masse mischen. Vier Esslöffel davon mit dem Mixerstab oder im Cutter fein pürieren und für die Sauce zur Seite stellen.

7. Die restliche Füllung mit Salz und Pfeffer abschmecken und in die Taschen füllen beziehungsweise die Gigot-Tran-

chen damit bestreichen und aufrollen. Mit Küchenschnur zusammennähen oder binden.

8. Die Fleischstücke salzen und pfeffern. In einer Bratpfanne reichlich eingesottene Butter erhitzen und das Fleisch darin von allen Seiten während ca. 5 Minuten kräftig anbraten. Dann herausnehmen und vollständig auskühlen lassen.

9. Inzwischen den Spinat gründlich waschen; tiefgekühlten Spinat an- oder auftauen lassen. In einer grossen Pfanne in der warmen Butter 3–4 Minuten dünsten. Mit Salz und Pfeffer würzen. In ein Sieb geben und gut ausdrücken. Ebenfalls auskühlen lassen.

10. Den Blätterteig dünn auswallen und in vier grosse Rechtecke schneiden. Den Spinat in die Mitte der Rechtecke verteilen.

11. Aus dem Fleisch die Küchenschnur entfernen. Je ein Fleischstück auf den Spinat legen.

12. Die Teigränder mit Eiweiss bepinseln, dann das Fleisch in den Teig einpacken. Aus Teigresten Verzierungen schneiden und mit Eiweiss auf die Teigpakete kleben.

13. Unmittelbar vor dem Bakken das Eigelb mit wenig Öl verrühren und die Teigpakete damit bepinseln. Sofort im auf 180 Grad vorgeheizten Ofen auf der untersten Rille während 20 Minuen backen.

14. Für die Sauce den eingekochten Fond mit dem Rahm und der pürierten Füllung in ein Pfännchen geben und aufkochen. Mit Salz und Pfeffer abschmecken. In einer vorge-

wärmten Saucière anrichten.

15. Zum Servieren werden die Teigpakete am Tisch in dikke Stücke geschnitten. Die Sauce separat dazu reichen.

Tip
Die exquisite Füllung ergibt – in Blätterteig gehüllt – ein raffiniertes Apérogebäck.

Erbsenschaum-
süppchen

Für 4 Personen

*300 g ausgelöste Erbsen (aus
ca. 1 kg Schoten)
6 dl Hühnerbouillon
½ dl Rahm
Salz, weisser Pfeffer aus der
Mühle
4 Blättchen Zitronenmelisse*

1. Die Erbsen in der Bouillon
auf kleinem Feuer weich kochen; die Garzeit dauert je
nach Grösse und Sorte der
Erbsen zwischen 10 und 25
Minuten. Mit einer Schaumkelle eine halbe Tasse Erbsen
herausheben und zur weiteren
Verwendung auf die Seite stellen.

2. Die restlichen Erbsen mitsamt Flüssigkeit im Mixer
oder mit dem Stabmixer fein
pürieren.
3. Die Suppe in die Pfanne
zurückgeben, die ganzen Erbsen wieder beifügen.
4. Den Rahm steif schlagen.
Unmittelbar vor dem Servieren unter die Suppe ziehen
und diese mit Salz und Pfeffer
abschmecken. Zuletzt die feingehackte Zitronenmelisse unterrühren.

Lammcarré provenzalische Art

Für 4 Personen

1 Lammcarré, ca. 1–1,2 kg
schwer
2 Esslöffel Senf
3 Esslöffel Olivenöl
schwarzer Pfeffer aus der
Mühle
½ Teelöffel Salz
1 Knoblauchzehe
<u>Zum Überbacken:</u>
1 Bund Petersilie
1 Esslöffel Rosmarinnadeln
1 Esslöffel frisches Basilikum
oder 1 Teelöffel
Basilikumpaste
2 Salbeiblätter
1 Knoblauchzehe
½ Tasse grobes Paniermehl
(z. B. an der Bircherraffel
gerieben)
Olivenöl

1. Das Lammcarré vom Metzger am Knochen achtmal leicht einschneiden lassen, damit es sich später gut tranchieren lässt.

2. Den Senf, das Olivenöl, Pfeffer, Salz und die durchgepresste Knoblauchzehe zu einer Paste mischen und auf das Lammcarré streichen.

3. Eine feuerfeste Form mit Olivenöl auspinseln. Das Lammcarré hineinlegen und im auf 250 Grad vorgeheizten Ofen auf der untersten Rille 10 Minuten braten lassen.

4. Die Hitze auf 80 Grad reduzieren und das Carré weitere 25 Minuten braten.

5. In der Zwischenzeit die Kräuter und die Knoblauchzehe fein hacken und mit dem Paniermehl mischen. Soviel Olivenöl beifügen, dass eine krümelige Paste entsteht.

6. Am Schluss der Bratzeit die Paste auf das Carré auftragen und unter dem auf höchster Stufe eingestellten Grill 5–8 Minuten überbacken.

7. Das Fleisch auslösen und tranchieren oder Kotelettenstücke herausschneiden.

Die Menü-Idee

Zur Vorspeise:
Löwenzahnsalat mit Speck
S. 36
Als Beilage: Borlotti-Bohnen
an Tomatensauce oder
Ratatouille
Zum Dessert: Quarkpudding

Neue Kartoffeln mit Frühlingszwiebeln und Knoblauch

Für 4 Personen

500 g möglichst kleine, neue Kartoffeln
1 Bund Frühlingszwiebeln
1 ganzer, frischer Knoblauch
1½ Esslöffel Butter
1½ Esslöffel Olivenöl
Salz
1 Esslöffel frischer, gehackter Thymian oder 1 Teelöffel getrockneter Thymian
2 Esslöffel Wasser

1. Die Kartoffeln unter fliessendem Wasser bürsten, jedoch nicht schälen. Das dunk-le Grün der Frühlingszwiebeln wegschneiden und die Zwiebeln längs halbieren. Den Knoblauch in Zehen teilen.

2. In einer grossen Bratpanne die Butter und das Olivenöl erhitzen und die Kartoffeln sowie die Frühlingszwiebeln beifügen. Gut 5 Minuten auf mittlerem Feuer braten.

3. Die Knoblauchzehen beifügen, die Hitze herunterschalten und alles leicht salzen und mit dem Thymian bestreuen. 5 Minuten weiterbraten.

4. Dann das Wasser beifügen und alles zugedeckt nochmals 10–15 Minuten (je nach Grösse der Kartoffeln) weich dünsten.

Tip
Frischer, junger Knoblauch ist wesentlich milder im Aroma als die normalerweise erhältlichen, getrockneten Zehen. Wichtig: Knoblauch darf nie zu heiss gebraten werden, sonst wird er bitter.

Die Menü-Idee
Originelle Beilage zu Gigot mit Rosmarin und Knoblauch
S. 33

Gefüllte Pouletbrüstchen an Marsala-Sauce

Für 4 Personen

4 Pouletbrüstchen
15 g getrocknete Steinpilze
1 Schalotte
1 Esslöffel Butter
100 g Rohschinken
½ dl trockener Marsala
1 Esslöffel gehackte Petersilie
1 Esslöffel grobgeschnittenes Basilikum
2 Esslöffel Doppelrahm
Salz, Pfeffer aus der Mühle
eingesottene Butter zum Braten
1 dl Hühnerbouillon
½ dl trockener Marsala
50 g Tafelbutter

1. In die Pouletbrüstchen eine tiefe Tasche schneiden (evtl. vom Metzger machen lassen).
2. Die Steinpilze in lauwarmem Wasser mindestens eine halbe Stunde, besser aber länger einweichen. Herausnehmen, leicht ausdrücken und grob hacken.

3. Die Schalotte schälen und sehr fein hacken. Die Butter schmelzen und die Schalotte sowie die Steinpilze einige Minuten dünsten.
4. In der Zwischenzeit den Rohschinken fein hacken, dann beifügen. Mit dem Marsala ablöschen und die Masse auf kleinem Feuer ca. 5 Minuten köcheln lassen. Die Flüssigkeit soll praktisch eingekocht sein.
5. Die Pfanne vom Feuer nehmen und die Kräuter sowie den Doppelrahm daruntermischen. Mit Salz und reichlich Pfeffer würzen (Vorsicht mit Salz, da der Schinken ohnehin bereits gut gewürzt ist!). Die Masse in die Taschen der Pouletbrüstchen füllen und diese mit Zahnstochern gut verschliessen.
6. Die gefüllten Brustfilets mit Salz und Pfeffer würzen und in der heissen Butter beidseitig anbraten. Mit der Bouillon und dem Marsala ablö-

schen und alles auf kleinem Feuer zugedeckt ca. 20 Minuten gar schmoren. Herausnehmen und zugedeckt warm stellen.
7. Die Butter stückchenweise unter die Sauce schwingen, dabei jedoch nicht rühren, sondern die Pfanne mit kreisenden Bewegungen auf der Herdplatte drehen. Die Sauce mit Salz und Pfeffer abschmecken.
8. Die Pouletbrüstchen auf vorgewärmte Teller anrichten, mit der heissen Sauce überziehen und sofort servieren.

Die Menü-Idee
Zur Vorspeise: Ei im Töpfchen
S. 26
Als Beilage: breite
Hausmachernudeln
Zum Dessert: Erdbeerglace
an Erdbeersauce mit frischen
Erdbeeren

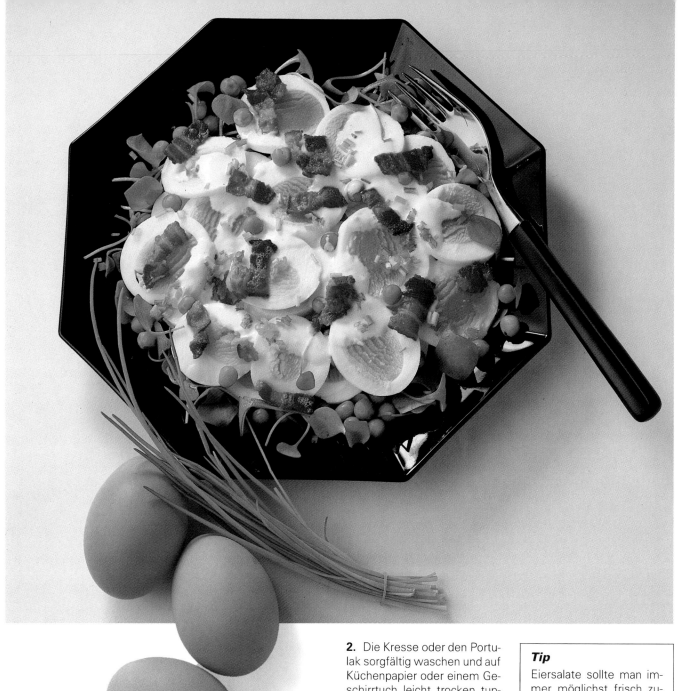

Eiersalat

Für 4 Personen
als kleines Essen

150 g tiefgekühlte Erbsen
100 g Kresse oder Portulak
100 g magerer
Frühstücksspeck
Sauce:
100 g Joghurt nature
4 Esslöffel Mayonnaise
2–3 Esslöffel Rahm

Salz, Pfeffer aus der Mühle
8 hartgekochte Eier
1 Bund Schnittlauch

1. Die noch gefrorenen Erbsen in nicht zuviel kochendes Salzwasser oder in eine leichte Bouillon geben und während 10 Minuten knapp weich kochen. Abschütten, gut abtropfen und leicht auskühlen lassen.

2. Die Kresse oder den Portulak sorgfältig waschen und auf Küchenpapier oder einem Geschirrtuch leicht trocken tupfen. Eine grosse Platte mit der Kresse auslegen.

3. Den Frühstücksspeck in feine Streifchen schneiden und in einer Bratpfanne im eigenen Fett knusprig braten. Auf Küchenpapier abtropfen lassen.

4. Für die Sauce den Joghurt mit der Mayonnaise und dem Rahm verrühren und mit Salz und Pfeffer abschmecken.

5. Die Eier schälen und in Scheiben schneiden. Abwechselnd mit den Erbsen und dem gebratenen Speck auf dem Kressebett anrichten. Jede Lage mit etwas Sauce beträufeln und mit Schnittlauch bestreuen. Sofort servieren.

Tip

Eiersalate sollte man immer möglichst frisch zubereitet auf den Tisch bringen; längeres Herumstehen lässt die Eigelb antrocknen. Nur mit Sauce beträufeln, jedoch nicht mischen, sonst zerfällt der Salat zu einem unansehnlichen Brei. Nach Belieben den Salat mit Radieschen bereichern oder ausgarnieren.

Gigot mit Rosmarin und Knoblauch

Für 6 Personen

1 Gigot, ca. 2–2,2 kg schwer
3–4 Knoblauchzehen
Rosmarinpulver
Salz, Pfeffer aus der Mühle
eingesottene Butter oder
Olivenöl zum Anbraten
1 Esslöffel Senf
2 Esslöffel frische
Rosmarinnadeln

1. Zuerst den Gigot möglichst sauber dressieren, d. h. grosse Fettstücke, Haut usw. wegschneiden. Seien Sie grosszügig, denn dies wirkt sich geschmacklich auf das Fleischstück aus. Dann mit einem scharfen Messer rundum Einschnitte in den Gigot anbringen und je ein Stückchen Knoblauch hineinpressen. Unmittelbar vor dem Anbraten den Gigot mit Rosmarinpulver, Salz und Pfeffer einreiben.

2. In einer Bratpfanne das Fleisch bei mittlerer Hitze in eingesottener Butter oder Olivenöl rundum goldbraun anbraten. Herausnehmen, mit dem Senf einreiben und mit reichlich Rosmarinnadeln bestreuen.

3. Den Gigot auf ein Backblech oder in eine Gratinform legen und im auf 80 Grad vorgeheizten Ofen während 3 Stunden ziehen lassen. Wichtig: Den Gigot auf keinen Fall in Folie packen oder mit Folie decken, sonst staut sich die Temperatur. Auch darf die Ofentemperatur keinenfalls 80 Grad übersteigen, im Zweifelsfalle lieber nur 70–75 Grad einstellen und eventuell etwas länger im Ofen belassen. Den Backofen übrigens unbedingt 15–20 Minuten bei 80 Grad vorheizen, bevor man das Fleisch hineingibt.
Der Gigot kann nach dem Herausnehmen sofort tranchiert werden.

Die Menü-Idee

Als Vorspeise: Kalte Rüebli-
Avocado-Suppe S. 79
Als Beilage: Neue Kartoffeln
mit Frühlingszwiebeln und
Knoblauch S. 30
Zum Dessert: Ausgebackene
Holunderblüten S. 45 oder
Brombeer-Eiscake S. 87

Überbackene Eier an Käse-Schinken-Sauce

Für 4 Personen als Vorspeise oder für 2 Personen als Hauptgericht

4 hartgekochte Eier
1 Schalotte
1 Teelöffel Butter
1 Teelöffel grüner Pfeffer
2 Esslöffel Sauerrahm
½ Teelöffel Salz
Sauce:
2 Esslöffel Butter
1 gestrichener Esslöffel Mehl
2 dl Milch
Salz, Pfeffer aus der Mühle
1 Prise Muskat
3 Esslöffel geriebener Sbrinz
50 g Schinken

1. Die Eier schälen, längs halbieren, die Eigelbe herauslösen und durch ein Sieb streichen.

2. Die Schalotte sehr fein hakken.

3. In einem Pfännchen die Butter schmelzen und die Schalotte darin andämpfen, bis sie gut riecht. Etwas auskühlen lassen, dann zum Eigelb geben.

4. Den grünen Pfeffer unter warmem Wasser abspülen, mit einer Gabel möglichst fein zerdrücken und mit dem Sauerrahm sowie dem Salz zum Eigelb geben. Alles gut mischen.

5. Die Masse in einen Spritzsack füllen und in die Eihälften dressieren. Eine Gratinform oder kleine Portionenförmchen ausbuttern und die Eihälften hineinstellen.

6. Für die Sauce die Butter in einem Pfännchen schmelzen. Das Mehl beifügen und kurz durchdünsten. Unter Rühren mit dem Schwingbesen die Milch dazugiessen, aufkochen und auf kleinem Feuer einige Minuten köcheln lassen. Mit Salz, Pfeffer, Muskat und Sbrinz würzen.

7. Den Schinken sehr fein hacken und unter die Sauce ziehen. Die Sauce um die Eier herum verteilen.

8. Die Form in den auf 250 Grad vorgeheizten Ofen schieben und die Eier während ca. 8 Minuten überbacken. Sofort servieren.

Tip
Die gefüllten Eier können auch kalt serviert werden; in diesem Fall lässt man aber die Sauce weg.

Überbackener Spargel italienische Art

Für 4 Personen als Hauptgericht

2–2,5 kg grüner oder weisser Spargel
reichlich Salzwasser
½ Teelöffel Zucker
175 g Butter
150 g frisch geriebener Parmesan
Salz, schwarzer Pfeffer aus der Mühle

1. Den weissen Spargel grosszügig rüsten und die Enden um ca. 3–4 cm kürzen; grüner Spargel braucht je nach Frische, Länge und Herkunft gar nicht oder nur im hintersten Drittel geschält oder etwas gekürzt zu werden.

2. Das Salzwasser mit dem Zucker und 25 g Butter aufkochen und den Spargel gebunden zu je 8–10 Stück darin weich kochen (grüner Spargel: 10–15 Minuten, weisser Spargel: 20–30 Minuten Kochzeit). Gut abtropfen lassen.

3. Den Spargel in eine flache feuerfeste Form schichten. Dabei jede Lage mit geschmolzener Butter übergiessen und mit Parmesan, wenig Salz und reichlich Pfeffer bestreuen.

4. Den Spargel im auf 200 Grad vorgeheizten Ofen während 10–12 Minuten überbakken. Sehr heiß servieren.

Die Menü-Idee

Zur Vorspeise: Gesulzte Roquefort-Eier S. 19
Zum Dessert: Savarin mit Erdbeeren S. 46

Löwenzahn-Salat mit Speck
Für 4 Personen

200 g Löwenzahn
100 g magerer
Frühstücksspeck
Sauce:
3 Esslöffel Rotweinessig
1 Esslöffel Sherryessig
1 gehäufter Teelöffel Senf
Salz, Pfeffer aus der Mühle
3 Esslöffel Sonnenblumenöl
2 Esslöffel Baumnuss- oder
Olivenöl

1. Den Löwenzahn gründlich waschen und sehr gut abtropfen lassen.
2. Den Frühstücksspeck sehr fein hacken und im eigenen Fett langsam knusprig braten. Auf Haushaltspapier geben und entfetten.
3. Die beiden Essigsorten mit dem Senf sowie Salz und Pfeffer verrühren, dann das Öl mit dem Schwingbesen unterschlagen.
4. Den Löwenzahn erst unmittelbar vor dem Servieren mit der Sauce mischen, auf Tellern anrichten und mit dem noch warmen oder wiedererwärmten Speck bestreuen.

Tip
Noch reichhaltiger wird der Salat, wenn man jede Portion mit einem pochierten oder als Spiegelei zubereiteten Wachtelei belegt. Gut schmecken auch über den Salat gestreute, grob gehackte und kurz geröstete Baumnusskerne.

Schinkenlyoner im Hemd
Für 6–8 Personen

Briocheteig:
750 g Mehl
1,2 dl lauwarmes Wasser
15 g frische Hefe
250 g Butter
6 Eier
1 Teelöffel Salz

1 Schinkenlyoner-Wurst oder
andere feine Wurst
1 Esslöffel Senf
1 Eigelb
2 Esslöffel Milch

1. Das Mehl in eine Schüssel geben, in der Mitte eine Vertiefung anbringen. Die Hefe zerbröckeln, mit dem lauwarmen Wasser verrühren, in die Mehlmulde giessen und mit wenig Mehl verrühren. Die Butter in nussgrosse Stücke schneiden und auf den Mehlrand setzen. Die Schüssel zudecken und den Vorteig an einem warmen Ort 20 Minuten gehen lassen.
2. Dann das Mehl, die Butter und den Vorteig mit dem Knethaken des Handrührgerätes gut durcharbeiten. Die zimmerwarmen Eier, eines nach dem andern, sowie das Salz

unter den Teig mischen. Die Schüssel wieder zudecken und den Teig an einem warmen Ort mindestens 40 Minuten gehen lassen.

3. Die Schinkenlyoner-Wurst häuten und dünn mit Senf einreiben.

4. Den Teig nochmals durchkneten und zwei Drittel davon zu einem ca. 1 cm dicken Rechteck auswallen und die Wurst damit umhüllen.

5. Den restlichen Teig zu einem länglichen Zopf flechten, die Unterseite mit wenig Wasser bepinseln und den Zopf auf

das Teigpaket legen. Nochmals 10 Minuten gehen lassen.

6. Den Schinkenlyoner im auf 200 Grad vorgeheizten Ofen auf der untersten Rille während 60 Minuten backen. Die Oberfläche nach 30 Minuten Backzeit mit dem mit der Milch verquirlten Eigelb bepinseln.

Der Schinkenlyoner im Hemd schmeckt besonders gut frisch aus dem Ofen, kann

aber auch kalt aufgeschnitten oder aufgebacken werden, so dass man diese Wurstspezialität gut im voraus zubereiten kann.

Die Menü-Idee

Zur Vorspeise: Joghurt-Kaltschale mit Gurken und Tomaten S. 16
Zum Dessert: Erdbeercreme S. 44

Zitronen-Poulet

Für 4 Personen

1 Poulet, ca. 1,2 kg schwer
Salz, Pfeffer aus der Mühle
2 Zitronen

1. Das Poulet unter kaltem Wasser innen und aussen spülen, gut abtropfen lassen und mit Haushaltspapier trocken tupfen. Dann mit Salz und Pfeffer einreiben.

2. Die Zitronen gründlich waschen und trocknen. Mit dem Handballen auf der Arbeitsfläche einige Male hin und her rollen. Dann jede Zitrone mit einem Zahnstocher, einer nicht zu dicken Gabelspitze oder einer Dressiernadel mindestens fünfzehn bis zwanzig Mal einstechen.

3. Die beiden Zitronen in den Hühnerbauch legen. Die Öffnungen mit Küchenschnur zunähen. Um die Beine ein Stück Küchenschnur legen und verknüpfen, dabei jedoch den Faden nicht zusammenziehen. Das Poulet bläht sich während des Backens auf, und dabei soll verhindert werden, dass sich die Beine auseinanderspreizen und dabei die knusprige Haut auseinanderreissen.

4. Das vorbereitete Poulet mit der Brust nach unten in einen Bräter legen. Auf der mittleren Rille des auf 200 Grad vorgeheizten Ofens während 20 Minuten backen.

5. Jetzt das Poulet sorgfältig umdrehen, dabei keine Bratengabel oder einen anderen spitzen Gegenstand verwenden, weil dabei die Haut verletzt werden kann. Die Hitze auf 220 Grad drehen und das Poulet weitere 25–30 Minuten im Ofen belassen.

6. Das Poulet am Tisch tranchieren. Dabei läuft delikater Saft aus, der als Jus über die Pouletstücke gegossen wird. Die Zitronen kann man zudem leicht ausdrücken. Aber Vorsicht: Sie können spritzen!

Tip

Gut eignen sich für diese Zubereitungsart auch Mistkratzerli (Coquelets). In diesem Fall rechnet man pro Person ein Hühnchen und je eine Zitrone. Sehr empfehlenswert ist die Verwendung von Limonen, den kleinen grünen Zitronenverwandten.

Die Menü-Idee
Zur Vorspeise: Ei im Töpfchen
S. 26
Als Beilage: Neue Kartoffeln
mit Frühlingszwiebeln und
Knoblauch S. 30
Zum Dessert:
Rhabarberkompott mit
Zimtglace

Gefüllte Nudelrolle
Für 4–5 Personen

Teig:
200 g Mehl
2 Eier
Tomatensauce:
500 g frische Tomaten oder
1 Dose Pelati-Tomaten
50 g Butter
1 kleine Zwiebel
Salz, Zucker
Béchamelsauce:
1 Esslöffel Butter
1 gestrichener Esslöffel Mehl
2 dl Milch
Salz, Pfeffer aus der Mühle
Füllung:
1 kg frischer oder 500 g
tiefgekühlter Blattspinat
1 mittlere Zwiebel
50 g Mortadella
50 g Butter
250 g Ricotta oder
Speisequark
100 g geriebener Parmesan
1 Eigelb
Salz, Muskat
Zum Überbacken:
50 g geriebener Parmesan

1. Das Mehl in eine Schüssel sieben und in der Mitte eine Vertiefung anbringen. Das Ei verquirlen und in die Mehlmulde geben. Zu einem festen Teig zusammenfügen. Je nach Beschaffenheit des Mehls und der Grösse der Eier müssen eventuell noch einige Tropfen (aber wirklich nur Tropfen!) Wasser beigefügt werden, damit der Teig nicht zu trocken und zäh wird. Den Teig aus der Schüssel nehmen und so lange noch von Hand kneten, bis er geschmeidig ist. Den Teig in Klarsichtfolie packen und während einer halben Stunde im Kühlschrank ruhen lassen.
2. Inzwischen die beiden Saucen vorbereiten: Die Tomaten vierteln und in 2 Esslöffeln Butter andünsten. Im Mixer fein pürieren oder durch ein Sieb streichen. In die Pfanne zurückgeben, die restliche Butter sowie die geschälte und halbierte Zwiebel beifügen und die Sauce mit Salz sowie einer Prise Zucker würzen. Ungedeckt auf kleinem Feuer 45 Minuten köcheln lassen. Die Zwiebel herausnehmen und die Sauce wenn nötig nachwürzen.

3. Für die Béchamelsauce die Butter schmelzen, das Mehl beifügen und kurz andünsten. Die Milch unter Rühren beigeben, aufkochen und 5 Minuten köcheln lassen. Mit Salz und Pfeffer würzen. Die beiden Saucen miteinander mischen.
4. Für die Füllung den Spinat gründlich waschen. In siedendem Salzwasser 5 Minuten kochen, in ein Sieb abschütten und das Wasser sehr gut herausdrücken; der Spinat soll möglichst trocken sein. Wird tiefgekühlter Spinat verwendet, diesen in etwas Butter kurz dünsten und ebenfalls möglichst viel von der entstandenen Flüssigkeit herausdrükken.
5. Den Spinat grob hacken. Die Zwiebel fein hacken, ebenso die Mortadella.
6. Die Butter schmelzen, die Zwiebel anziehen, dann die Mortadella beifügen, kurz mitdünsten und nun den Spinat beifügen. Alles gut mischen, bis alle Butter aufgesogen ist. In eine Schüssel geben, den Quark, den Käse und das Eigelb mit einer Gabel daruntermischen. Die Füllung mit Salz und Muskat würzen.

7. Den Nudelteig so dünn wie möglich und zu einem langen Rechteck auswallen. Die Füllung darauf verteilen. An der einen Breitseite soll dabei ein Rand von 7 cm, an den übrigen Seiten von ca. ½ cm frei bleiben. Den breiten Rand über die Füllung schlagen, dann den Teig möglichst satt aufrollen. Es soll eine lange Rolle, ähnlich einem Strudel entstehen. Diese mit einem scharfen Messer in 3–4 cm dicke Scheiben schneiden.
8. Eine Gratinform ausbuttern, die Hälfte der vorbereiteten Sauce hineingeben, die Teigscheiben dachziegelartig einschichten und mit der restlichen Sauce bedecken. Den geriebenen Parmesan darüberstreuen und die Teigscheiben im auf 200 Grad vorgeheizten Ofen 20–25 Minuten überbacken.

Gefüllte Eier

*Füllmasse für jeweils
12 halbe Eier*

Lachsfüllung:
6 hartgekochte Eier
50 g geräucherter Lachs
30 g Tafelbutter, Quark oder
Doppelrahm-Frischkäse
1 Esslöffel Mayonnaise
weisser Pfeffer aus der
Mühle, Salz
Kräuterfüllung:
6 hartgekochte Eier
1 Bund Petersilie
1 Teelöffel Senf
30 g Tafelbutter, Quark oder
Doppelrahm-Frischkäse
1 Esslöffel Mayonnaise
weisser Pfeffer aus der
Mühle, Salz
Senf-Curry-Füllung:
6 hartgekochte Eier
1 Teelöffel Senf
½ Teelöffel Curry
30 g Tafelbutter, Quark oder
Doppelrahm-Frischkäse
1 Esslöffel Mayonnaise
Salz

Avocadofüllung:
6 hartgekochte Eier
1 gut reife Avocado
2 Esslöffel Mayonnaise
1 Teelöffel Zitronensaft
1 Teelöffel gehackter
Petersilie
Salz, weisser Pfeffer

1. Für die Lachsfüllung die Eier schälen, längs halbieren, die Eigelbe herauslösen und durch ein feines Sieb streichen. Den Lachs in der Moulinette fein pürieren und mit der schaumig gerührten Butter, dem Quark oder dem Frischkäse sowie der Mayonnaise zu einer glatten Masse mischen. Mit reichlich Pfeffer und wenig Salz würzen. In einen Spritzsack füllen und in die Eihälften dressieren.
2. Für die Kräuterfüllung die Eier schälen, längs halbieren, die Eigelbe herauslösen und durch ein Sieb streichen. Die Petersilie sehr fein hacken und zusammen mit dem Senf, der schaumig gerührten Butter, dem Quark oder dem Frischkäse sowie der Mayonnaise zu einer glatten Masse mischen.

Mit Pfeffer und wenig Salz würzen. In einen Spritzsack füllen und in die Eihälften dressieren.
3. Für die Senf-Curry-Füllung die Eier schälen, längs halbieren, die Eigelbe herauslösen und durch ein feines Sieb streichen. Mit dem Senf, dem Curry, der schaumig gerührten Butter, dem Quark oder dem Frischkäse sowie der Mayonnaise zu einer glatten Masse rühren. Mit Salz abschmecken. In einen Spritzsack füllen und in die Eihälften dressieren.
4. Für die Avocadofüllung die Eier schälen, längs halbieren, die Eigelbe herauslösen und durch ein feines Sieb streichen. Die Avocado halbieren, den Stein entfernen und das Fruchtfleisch herauslösen. In der Moulinette oder mit dem

Mixerstab zusammen mit der Mayonnaise und dem Zitronensaft fein pürieren. Mit den Eigelben und der Petersilie zu einer glatten Masse mischen und mit Salz und Pfeffer abschmecken. In einen Spritzsack füllen und in die Eihälften dressieren.

Tip
Werden die Eier einige Stunden im voraus gefüllt, so empfiehlt es sich, die Oberfläche der Füllmasse ganz leicht zu sulzen, damit sie sich nicht verfärbt. Die Eier auf einem Kressebett oder reichlich feingeschnittener Endivie anrichten, dann rutschen sie nicht auf der Platte herum.

Überbackenes Champignonragout mit Petersilienreis

Für 4 Personen

750 g frische Champignons
3–4 Tomaten
1 mittlere Zwiebel
25 g Butter
1 dl Weisswein
1 dl Bouillon
1 dl Rahm
1 Esslöffel Butter
1 Esslöffel Mehl
Salz, schwarzer Pfeffer
25 g geriebener Parmesan
oder Sbrinz
Petersilienreis:
250 g Langkornreis
50 g Butter
1 Bund Petersilie

1. Die Champignons waschen, wenn nötig rüsten und halbieren oder vierteln.

2. Die Tomaten kurz in kochendes Wasser tauchen, schälen, quer halbieren, die Kerne herauskratzen und das Fruchtfleisch in Würfel schneiden.

3. Die Zwiebel schälen, fein hacken und in einer grossen Pfanne in der warmen Butter anziehen.

4. Die Hitze höher stellen, die Pilze beifügen und 2–3 Minuten mitdünsten. Mit dem Weisswein ablöschen und diesen auf grossem Feuer fast vollständig einkochen lassen.

5. Dann die Tomatenwürfel und die Bouillon beifügen und alles bei kleiner Hitze ca. 5 Minuten köcheln lassen. Zuletzt den Rahm dazugiessen.

6. Die bei Zimmertemperatur weich gewordene Butter mit einer Gabel mit dem Mehl gründlich mischen und flok-kenweise in die leicht kochende Pilzsauce geben. Alles mit Salz und Pfeffer abschmekken. Das Ragout in eine ausgebutterte Gratinform verteilen und mit dem Käse bestreuen.

7. Das Ragout im auf 220 Grad vorgeheizten Ofen auf der untersten Rille während ca. 15 Minuten überbacken.

8. Inzwischen den Reis in reichlich siedendem Salzwasser während ca. 12 Minuten knapp weich kochen. Abschütten und gut abtropfen lassen. Die Butter schmelzen, die gehackte Petersilie und den Reis beifügen und alles mischen. Separat zum Champignonragout servieren.

Tip

Je nach Angebot kann das Ragout auch mit anderen Zucht- oder wildwachsenden Pilzen zubereitet werden.

Kirschstrudel mit Vanillesauce

Ergibt einen grossen oder zwei kleine Strudel

Teig:
250 g Mehl
ca. 1½ dl lauwarmes Wasser
2 Esslöffel Öl
½ Teelöffel Salz
Füllung:
ca. 800 g entsteinte Kirschen, frisch, oder die gleiche Menge aus dem Alubeutel, abgetropft gewogen, oder Tiefkühlfrüchte
75 g Zucker
¼ Teelöffel Zimt
200 g hausgemachtes, nicht zu feines Paniermehl
50 g gemahlene Haselnüsse
50 g Zucker
150 g Butter
ca. 1 dl Rahm zum Bestreichen des Strudels nach Belieben Puderzucker zum Bestreuen
Vanillesauce:
6 dl Milch
1 Vanillestengel
50 g Zucker
15 g Maizena
1½ dl Rahm

1. Das Mehl in die Schüssel sieben und in der Mitte eine Vertiefung anbringen. Das Wasser, das Öl und das Salz hineingeben und alles rasch zu einem geschmeidigen, glatten Teig kneten. Bei Zimmertemperatur unter einem mit wenig warmem Wasser angefeuchteten Tuch mindestens 30 Minuten ruhen lassen.

2. Die entsteinten Kirschen mit dem Zucker und dem Zimt mischen. Wichtig: Pasteurisierte und Kompott-Kirschen zuvor sehr gut abtropfen lassen, eventuell auf einer dicken Lage Haushaltspapier leicht trocknen. Tiefgekühlte Früchte können noch gefroren oder leicht angetaut verwendet werden.

3. Das Paniermehl, die Haselnüsse, die zweite Portion Zucker und 100 g Butter in einer Pfanne goldbraun rösten. Darauf achten, dass die Masse möglichst locker bleibt.

4. Den Strudelteig auf leicht bemehlter Arbeitsfläche so dünn als möglich auswallen. Dann über dem Handrücken papierdünn ausziehen (man soll durch den Teig Zeitung lesen können!). Vorsicht, dass dabei keine Löcher entstehen. Den dicken Rand abschneiden, dann den Teig auf ein leicht bemehltes Handtuch legen.

5. Die restlichen 50 g Butter in einem Pfännchen schmelzen. Den Strudelteig damit einpinseln. Dann die Paniermehlmischung darauf verteilen, dabei aber auf den Breitseiten einen Rand von ca. 3 cm, auf der oberen Längsseite von 5 cm und auf der unteren Längsseite von mindestens 12 cm frei lassen.

6. Die Kirschen auf der Paniermehlmischung verteilen. Den Teig an den beiden Breitseiten und der oberen Längsseite einschlagen und den Strudel mit Hilfe des Handtuches sorgfältig aufrollen. Auf den Rücken eines grossen, leicht bebutterten Backbleches legen; die Naht des Strudels soll nach unten zu liegen kommen. Werden aus der Rezeptmenge zwei kleinere Strudel zubereitet, so kann man diese auch in einer Gratinform oder in einem tiefen Ofenblech backen.

7. Den Strudel mit Rahm einpinseln. Dann sofort im auf 220 Grad vorgeheizten Ofen auf der untersten Rille während ca. 40 Minuten backen. Dabei mehrmals mit Rahm einpinseln.

8. Den Strudel vor dem Servieren etwas abkühlen lassen, mit Puderzucker überstäuben und in nicht zu dünne Scheiben schneiden. Die Vanillesauce separat dazu servieren.

9. Für die Vanillesauce die Milch sowie den aufgeschlitzten Vanillestengel mit den herausgekratzten Samen aufkochen. Die Pfanne auf die Seite stellen und die Vanillemilch 10 Minuten ziehen lassen. Dann den Vanillestengel entfernen.

10. Den Zucker und das mit wenig kaltem Wasser angerührte Maizena beifügen. Alles

unter ständigem Rühren aufkochen, bis die Vanillesauce leicht bindet. Vollständig auskühlen lassen.

11. Unmittelbar vor dem Servieren den Rahm steif schlagen und sorgfältig unter die Sauce ziehen.

Tip
Anstelle von Kirschen kann man den Strudel auch mit Aprikosen, Zwetschgen, Rhabarber oder Äpfeln füllen.

Die Menü-Idee
Als kleines Vorgericht: Eiersalat S. 32

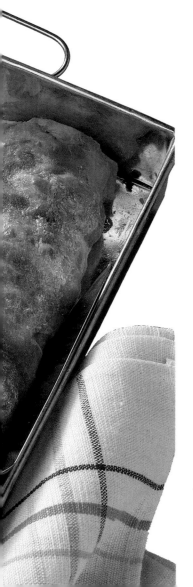

Quarkpudding (Pascha)
Für 6 Personen

500 g Speisequark
50 g Zucker
3 Eigelb
1,5 dl Rahm
75 g Butter
abgeriebene Schale von
½ Zitrone
1 Päckli Vanillinzucker
75 g Mandelstifte

1. Verwenden Sie nach Möglichkeit sogenannten Naturquark, der keine Bindemittel enthält und deshalb besser entwässert werden kann. Dazu den Quark in ein sauberes Küchentuch geben und darin kräftig auswinden. Je trockener der Quark wird, desto besser.
2. Den Zucker und die Eigelb zu einer hellen, dicklichen Creme aufschlagen.
3. Den Rahm in einem kleinen Pfännchen aufkochen und unter gutem Rühren mit dem Schwingbesen zur Eicreme giessen. In die Pfanne zurückgeben und unter Rühren nochmals kurz vor den Siedepunkt bringen, jedoch nicht mehr kochen, sonst gerinnen die Eigelb. Vom Feuer nehmen und unter gelegentlichem Rühren auskühlen lassen.
4. Die Butter bei Zimmertemperatur weich werden lassen. Mit einer Kelle so lange rühren, bis sich kleine Spitzchen bilden. Den Quark, die Eicreme, die abgeriebene Zitronenschale und den Vanillinzucker beifügen und alles gut mischen. Zuletzt die Mandelstifte unter die glatte Creme ziehen.
5. Einen Blumentopf von 13 cm Durchmesser oder ein kleines Löchersieb mit einem sauberen Tuch auslegen und die Quarkmasse einfüllen. Der Quark enthält Wasser, welches austreten und abfliessen soll, damit der Pudding fest wird. Deshalb die Form in eine weitere Schüssel oder einen Suppenteller stellen.

6. Die Pascha im Kühlschrank mindestens 24 Stunden stehenlassen; erst dann kann sie gestürzt werden. Das Tuch entfernen und den Pudding nach Belieben mit kandierten Früchten oder Mandeln ausgarnieren. Die Pascha ist ein sehr üppiges Dessert, von dem nur kleine Portionen serviert werden.

Tip
Im Originalrezept werden der Quarkmasse neben den Mandelstiften auch noch Rosinen und kandierte Früchte beigefügt, aber dies ist nicht jedermanns Sache und macht den Pudding sehr süss. Eine interessante Kombination hingegen ist die Beigabe von gedörrten und in kleine Stücke geschnittenen Aprikosen, deren leichte Säure sehr gut mit dem Quark harmoniert. Fein püriertes Aprikosenkompott ist dazu das Tüpfchen auf dem i.

Erdbeercreme

Für 4 Personen

750 g Erdbeeren
1–2 Esslöffel Zucker
1 dl Rahm
2 Esslöffel Zucker
1 Teelöffel Vanillinzucker

1. Die Erdbeeren waschen, rüsten und je nach Grösse halbieren oder vierteln. ⅓ der Beeren mit dem Zucker bestreuen und etwas ziehen lassen. Die restlichen Erdbeeren mit der zweiten Portion Zucker im Mixer fein pürieren.

2. Den Rahm mit dem Vanillinzucker steif schlagen.

3. Das Erdbeerpüree zuerst mit den gezuckerten Beeren, dann marmorartig mit dem Schlagrahm mischen. In Portionenschalen anrichten und sofort servieren.

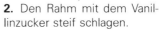

44

Ausgebackene Holunderblüten

Für 4 Personen

8–12 frisch gepflückte Holunderblüten
Ausbackteig:
250 g Mehl
½ Päckli Backpulver
2 Esslöffel Zucker
1 Ei
1 dl helles Bier
3 Esslöffel Wasser
1 Esslöffel Öl oder flüssige Butter
Öl zum Fritieren
Puderzucker zum Bestreuen

1. Die Holunderblüten sorgfältig unter kaltem Wasser waschen und gut abtropfen lassen, dann mit Küchenpapier möglichst trocken tupfen. Die Stiele an den Blüten belassen, da man sie zum Festhalten braucht.

2. Das Mehl in einer Schüssel mit dem Backpulver und dem Zucker mischen. Dann das Ei, das Bier, das Wasser und das Öl oder die Butter beifügen und alles zu einem nicht zu dünnen Teig rühren. Vor dem Ausbacken mindestens 20 Minuten ruhen lassen.

3. Das Öl auf 180 Grad erhitzen, dann jede Blüte einzeln in den Teig tauchen und sofort in das Öl geben. Während des Ausbackens auch etwas unter die Oberfläche drücken, damit die Blüten rundum goldbraun werden. Möglichst heiss servieren. Nach Belieben mit Puderzucker bestreuen.

45

Savarin
mit Erdbeeren

Teig:
175 g Mehl
½ dl lauwarme Milch
10 g frische Hefe
75 g Butter
20 g Zucker
¼ Teelöffel Salz
abgeriebene Schale von
1 Zitrone
2 Eier
Sirup:
3 dl Wasser
125 g Zucker
¾ dl Rum
Glasur:
75 g Aprikosenkonfitüre
2 Esslöffel Wasser
1 Esslöffel Zitronensaft
Zum Füllen:
500 g Erdbeeren
1–2 Esslöffel Puderzucker
3 dl Rahm
1 Teelöffel Vanillinzucker

1. Das Mehl in eine Schüssel geben und in die Mitte eine Vertiefung eindrücken. Die Milch mit der Hefe verrühren und in die Mehlmulde geben. Mit etwas Mehl verrühren und decken. Zugedeckt an einem warmen Ort ca. 15 Minuten gehen lassen.

2. In der Zwischenzeit die Butter schmelzen und mit dem Zucker, dem Salz, der Zitronenschale und den verquirlten Eiern mischen. Alles zum Mehl geben und kräftig durcharbeiten. Den Teig nochmals 15 Minuten gehen lassen.

3. Die Form oder Förmchen gut ausbuttern, mit Mehl bestäuben und bis zur Hälfte mit Teig füllen. Bei Portionenförmchen geht dies am besten mit einem Spritzsack mit grosser, glatter Tülle. Den Teig nochmals 10–15 Minuten gehen lassen.

4. Den Savarin im auf 200 Grad vorgeheizten Ofen auf der untersten Rille backen. Ein grosser Savarin braucht 25–30 Minuten, kleine Förmchen 15–20 Minuten. Aus der Form stürzen und auf einem Kuchengitter auskühlen lassen.

5. Für den Sirup das Wasser und den Zucker aufkochen, leicht auskühlen lassen, dann mit dem Rum parfümieren.

6. Das Kuchengitter mit dem Savarin auf eine Schüssel setzen und den Rumsirup mit ei-

ner Schöpfkelle darübergiessen, bis der Savarin vollkommen durchtränkt ist. Wenn nötig den Vorgang mit den Sirupresten aus der Schüssel wiederholen. Kleine Portionen-Savarins können auch in den Sirup getaucht werden. Vorsicht: Durchtränkt brechen sie leicht. Auf eine Platte oder Dessertteller legen.

7. Die Aprikosenkonfitüre durch ein feines Sieb streichen und mit dem Wasser und dem Zitronensaft erhitzen. Den Savarin oder die Savarins damit bestreichen. Bis zum Servieren kühl stellen.

8. Die Erdbeeren rüsten, halbieren oder vierteln und mit dem Puderzucker bestreuen. Bis zum Servieren kühl stellen.

9. Zum Anrichten den Rahm mit dem Vanillinzucker steifschlagen und in die Mitte des Savarins füllen. Mit einigen Erdbeeren ausgarnieren, den Rest der Beeren separat zum Savarin servieren.

Tip
Zum Tränken des Savarins kann man auch Rumtopf-Saft verwenden.

Gebackener Rhabarber mit Streusel und Vanillesauce

Für 4–6 Personen

1 kg Rhabarber
75 g Zucker
4 Esslöffel Weisswein
Streusel:
225 g Mehl
150 g brauner Rohzucker
½ Teelöffel Backpulver
100 g Butter
Vanillesauce:
5 dl Milch
1 Vanillestengel
15 g Maizena
2 Eigelb
40 g Zucker

1. Den Rhabarber rüsten, wenn nötig schälen und in kleine Stücke schneiden. Lagenweise mit dem Zucker in eine feuerfeste Platte füllen. Mit dem Weisswein beträufeln.
2. Für den Streusel das Mehl in eine Schüssel sieben, den Rohzucker und das Backpulver beifügen und alles gründlich mischen. Dann die kalte, in kleine Stücke geschnittene Butter beigeben und alles rasch zwischen den Fingern bröselig reiben. Den Streusel über den Rhabarber verteilen.
3. Den Rhabarber im auf 180 Grad vorgeheizten Ofen auf der untersten Rille während ca. 40 Minuten backen.
4. In der Zwischenzeit die Vanillesauce zubereiten: 4 dl Milch mit dem aufgeschlitzten Vanillestengel und den herausgekratzten Samen aufkochen. Neben der Herdplatte 10 Mi-

nuten ziehen lassen. Den Vanillestengel entfernen, die restliche Milch mit dem Maizena anrühren und zur Vanillemilch geben.
5. Die Eigelb mit dem Zucker zu einer hellen, dicklichen Creme aufschlagen. Die Vanillemilch unter Rühren beifügen. Alles in die Pfanne zurückgeben, unter Rühren langsam aufkochen (nicht kochen), bis die Sauce zu binden beginnt. Sofort vom Feuer nehmen und unter gelegentlichem Umrühren auskühlen lassen. Separat zum Rhabarber servieren.

Die Menü-Idee

Diese Rhabarber-Spezialität eignet sich auch gut als kleines, süsses Essen, bei dem man als Vorspeise eine Suppe serviert.

Sommer

Kulinarische Hochmonate stehen uns bevor:
Der Markt in den Monaten Juni, Juli und August
ist geprägt von praller Üppigkeit und intensiven
Farben. Die Sommerküche bietet alles, was das
(kulinarische) Herz begehrt: eine schier unerschöpfliche
Fülle von Gemüsen, Kräutern, Früchten
und Beeren, die einem die Wahl zur Qual macht.

Rezept Seite 51

Sommer-Marktnotizen

Gemüse

	Juni	*Juli*

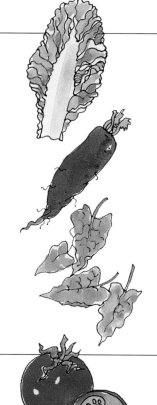

Was in Hülle und Fülle zu finden ist

Juni

Aus Inlandernte:
Blumenkohl, Bohnen, Broccoli, Catalogna, Champignons, Chinakohl, Cima di rapa, Eisbergsalat, Fenchel, Gartenkresse, Gurken, Karotten, Kefen, Kohlrabi, Kopfsalat, Krautstiele, Lauch grün, Lattich, Lattughino, Radieschen, Rettich, Rüben, Schnittmangold, Schnittsalat, Spargel, Spinat, Spitzkabis Stangensellerie, Suppensellerie, Tomaten, Weisskabis, Wirz, Zucchetti, Zwiebeln.

Juli

Aus Inlandernte:
Blumenkohl, Bodenkohlrabi, Bohnen, Broccoli, Champignons, Catalogna, Chinakohl, Cima di rapa, Einlegegurken, Eisbergsalat, Endivie, Erbsen, Fenchel, Frühkartoffeln, Gartenkresse, Gurken, Karotten, Kefen, Knackerbsen, Kohlrabi, Kopfsalat, Krautstiele, Lattich, Lattughino, Lauch grün, Peperoni, Patisson, Radieschen, Rettich, Rondini, Rotkabis, Rüben, Schalotten, Schnittmangold, Schnittsalat, Spinat, Stangensellerie, Suppensellerie, Tomaten, Weisskabis, Wirz, Zucchetti, Zwiebeln.

Import:
Artischocken, Auberginen, Erbsen, Kürbis, Peperoni.

Import:
Artischocken.

Im Kommen

Aus Inlandernte:
Erbsen, Frühkartoffeln, Knackerbsen, Peperoni, Patisson, Schalotten, Rotkabis.

Aus Inlandernte:
Auberginen, Cicorino rosso, Knoblauch, Knollensellerie, Neuseeländer Spinat, Randen, Zuckermais.

Im Auslaufen

Brunnenkresse, Knollensellerie.

Spitzkabis.

Früchte

Was in Hülle und Fülle zu finden ist

Äpfel, Avocados, Bananen, Erdbeeren, Grapefruits, Kirschen, Melonen, Orangen, Zitronen.

Äpfel, Aprikosen, Avocados, Bananen, Erdbeeren, Grapefruits, Himbeeren, Johannisbeeren, Kirschen, Melonen, Nektarinen, Pfirsiche, Pflaumen, Stachelbeeren.

Im Kommen

Aprikosen, Nektarinen, Pfirsiche, Stachelbeeren.

Brombeeren, Heidelbeeren.

Im Auslaufen

August

Aus Inlandernte
Artischocken, Auberginen, Blumenkohl, Bodenkohlrabi, Bohnen, Broccoli, Catalogna, Champignons, Chinakohl, Cicorino rosso, Cima di rapa, Eisbergsalat, Endivie, Erbsen, Fenchel, Gartenkresse, Gurken, Karotten, Kartoffeln, Knoblauch, Knollensellerie, Kohlrabi, Kopfsalat, Krautstiele, Lattich, Lattughino, Lauch grün, Neuseeländischer Spinat, Peperoni, Patisson, Radieschen, Randen, Rettiche, Rondini, Rotkabis, Rüben, Schalotten, Schnittmangold, Schnittsalat, Stangensellerie, Suppensellerie, Tomaten, Weisskabis, Wirz, Zucchetti, Zuckermais.

Aus Inlandernte:
Brunnenkresse, Gemüsezwiebeln, Kürbis.

Erbsen, Kefen.

Äpfel, Avocados, Bananen, Brombeeren, Grapefruits, Heidelbeeren, Mirabellen, Nektarinen, Pfirsiche.

Birnen, Feigen, Trauben, Zwetschgen.

Aprikosen, Erdbeeren, Himbeeren, Johannisbeeren.

Spaghetti Portofino
Für 4 Personen

Pesto:
3 Bund Basilikum (ca. 50 schöne Blätter)
Salz
3–4 Knoblauchzehen
3 Esslöffel Pinienkerne
75 g geriebener Pecorino (italienischer Schafskäse) oder Parmesan
1 dl kaltgepresstes Olivenöl

400 g grüne Bohnen
4 mittlere neue Kartoffeln
300 g Spaghetti
1 Portion Pesto alla genovese nach Belieben frisch geriebener Parmesan

1. Die Basilikumblätter entstielen und nur wenn nötig waschen, da sie dabei gerne an Aroma verlieren. Die Blätter grob schneiden und im Mörser mit wenig Salz verreiben.
2. Den Knoblauch und die Pinienkerne ebenfalls fein hakken, in den Mörser geben und alles möglichst fein verreiben. Dann löffelweise Käse und Öl beifügen, bis die Sauce eine Art cremige Paste geworden ist. Man kann auch alle Zutaten in den Mixer geben und dort fein pürieren.

3. Die Bohnen entfädeln und waschen. Die Kartoffeln schälen und vierteln. Beides in reichlich Salzwasser weich kochen, abschütten und gut abtropfen lassen.
4. Die Spaghetti separat in reichlich Salzwasser »al dente«, d. h. knapp weich kochen. Ebenfalls abschütten und abtropfen lassen, dabei jedoch 3 Esslöffel Kochwasser auffangen. Dieses mit dem Pesto mischen.
5. Die Spaghetti, die Kartoffeln und die grünen Bohnen sorgfältig mit der Sauce mischen und sofort möglichst heiss servieren. Nach Belieben separat frisch geriebenen Parmesan dazu servieren.

Tip
Der Pesto lässt sich über längere Zeit aufbewahren, wenn man die Paste in gut verschliessbare Gläser füllt und mit wenig Olivenöl bedeckt. Im Kühlschrank lagern.

Pouletspiessli mit Basilikum-Joghurt-Sauce

Für 4 Personen

500 g Pouletbrüstchen
300 g ein- oder verschiedenfarbige Peperoni
½ dl Sonnenblumen- oder Erdnussöl
Salz, schwarzer Pfeffer aus der Mühle
<u>Sauce:</u>
2 Becher Joghurt nature
1–2 Esslöffel Olivenöl
2 Bund Basilikum
Salz, schwarzer Pfeffer aus der Mühle
1 Teelöffel fein gemahlener Koriander

1. Die Pouletbrüstchen zuerst in daumendicke Streifen, dann in Würfel schneiden.
2. Die Peperoni halbieren, entkernen, waschen und in gleich grosse Würfel wie das Fleisch schneiden.
3. Pouletfleisch und Peperoniwürfel abwechslungsweise auf Spiesse stecken.

4. Das Öl mit Salz und Pfeffer würzen und die Spiesschen unmittelbar vor dem Braten damit einpinseln. Auf ein Blech legen und unter dem auf höchster Stufe vorgeheizten Grill auf jeder Seite 4 Minuten braten. Sofort heiss servieren.
5. Für die Sauce das Joghurt mit dem Olivenöl verrühren. Das Basilikum in feine Streifchen schneiden, darunterziehen und die Sauce mit Salz, Pfeffer und Koriander würzen. Separat zu den gebratenen Spiesschen servieren.

Die Menü-Idee
Als Beilage passt hervorragend überbackenes Knoblauchbrot.

Zucchetti italienische Art

Für 4 Personen

750 g Zucchetti
½ dl gutes Olivenöl
1 Knoblauchzehe
1 grosser Bund Basilikum
Salz, schwarzer Pfeffer aus
der Mühle

1. Den Stielansatz der Zucchetti wegschneiden, die Früchte jedoch nicht schälen, sondern nur waschen. In fingerdicke Stengelchen schneiden.

2. Das Olivenöl in einer weiten Bratpfanne erhitzen und die Zucchetti auf kleinem Feuer während ca. 10 Minuten unter regelmässigem Wenden knapp weich dämpfen.

3. Nach der Hälfte der Kochzeit die Knoblauchzehe dazupressen.

4. Unmittelbar vor dem Servieren das feingeschnittene Basilikum daruntermischen und das Gemüse sparsam mit Salz und reichlich Pfeffer abschmecken.

Tip

Die Zucchetti lassen sich ohne grossen Aufwand in einen delikaten Salat verwandeln: Über die heissen Zucchetti den Saft von 1 Zitrone träufeln, eventuell wenig Olivenöl darübergiessen und vor dem Servieren 10–15 Minuten ziehen lassen. Am besten schmeckt dieser Salat lauwarm.

53

Sommerwähe mit Kalbfleischbällchen

Für 4 Personen

je 1 roter und 1 gelber
Peperone
1 Fleischtomate
2 kleine Zucchetti
250 g gehacktes Kalbfleisch
1 Eigelb
Salz, Pfeffer aus der Mühle
½ Bund Petersilie
1 kleines Paket Kuchenteig
(250 g)
<u>Guss:</u>
2 Eier
1 dl Milch
1 dl Rahm
25 g Parmesan
Salz, Pfeffer, Muskatnuss

1. Die beiden Peperoni halbieren, entkernen, unter kaltem Wasser gründlich spülen und in Streifen schneiden. In kochendem Salzwasser 3 Minuten blanchieren. Abschütten und gut abtropfen lassen.

2. Während die Peperoni kochen, die Tomate sekundenschnell in das Kochwasser tauchen, herausnehmen, schälen und in dicke Scheiben schneiden.

3. Den Stielansatz der Zucchetti entfernen und die Früchte in feine Scheiben schneiden.

4. Das Kalbfleisch in einer Schüssel mit dem Eigelb, Salz, Pfeffer und der feingehackten Petersilie mischen. Kleine, etwa kirschengrosse Bällchen formen.

5. Auf einer bemehlten Arbeitsfläche den Teig 2–3 mm dick auswallen und ein mittleres Wähenblech damit auslegen. Den Boden mit einer Gabel regelmässig einstechen.

6. Die eine Wähenhälfte bis auf einen kleinen Kreis in der Mitte dicht mit den Zucchettischeiben belegen. Auf der anderen Hälfte die Peperonistreifen verteilen. In der Mitte der Wähe die Tomatenscheiben einschichten. Zucchetti und Tomaten leicht salzen.

7. Für den Guss die Eier mit der Milch, dem Rahm und dem Parmesan verquirlen und mit Salz, Pfeffer und Muskat würzen. Über das Gemüse verteilen. Die vorbereiteten Hackfleischbällchen daraufsetzen.

8. Die Wähe im auf 220 Grad vorgeheizten Ofen auf der untersten Rille während 25–30 Minuten backen.

Tip

Die Gemüsezusammenstellung auf dieser Wähe ist lediglich ein Vorschlag. Wer zum Beispiel gerade vor einer Zucchetti- oder Tomatenschwemme aus dem eigenen Garten steht, kann sie auch mit nur einer Gemüsesorte zubereiten. Aber auch Auberginen, Kürbis, Spinat, Wirz, Krautstiele, Lauch oder Broccoli eignen sich als Wähenbelag. Alle diese Gemüse sollten kurz vorgekocht werden.

Gefüllter Rindsbraten italienische Art

Für 6–8 Personen

1,5 kg Rindsbraten
Salz, Pfeffer aus der Mühle
Füllung:
200 g Kalbfleisch, zweimal gehackt
1 Weggli oder Brötchen, in Milch eingeweicht
3 Esslöffel geriebener Sbrinz oder Parmesan
1 Ei
Salz, Paprika, Pfeffer
100 g Greyerzer
100 g Salami
3 hartgekochte Eier

1 grosse Zwiebel
1 Knoblauchzehe
je 1 roter, gelber und grüner Peperone
4 Rüebli
2–3 Fleischtomaten
Olivenöl zum Anbraten
1 Teelöffel Oregano

1 Teelöffel Rosmarinnadeln
ca. 5 dl kräftiger Rotwein
2 dl Sauerrahm

1. Das Fleisch vom Metzger so aufschneiden lassen, dass ein möglichst grosses, ca. ½ cm dickes Rechteck entsteht. Dieses auf dem Küchentisch ausbreiten und mit Salz und Pfeffer würzen.
2. Für die Füllung das Kalbfleisch mit dem eingeweichten, leicht ausgedrückten und zerzupften Weggli, dem Käse, dem Ei und den Gewürzen gut mischen.
3. Das Fleischrechteck bis auf einen Rand von 5 cm mit der Füllung bestreichen.
4. Den Greyerzer in Scheiben schneiden und mit den Salamischeiben auf die Füllung legen. Zuletzt die in Viertel geschnittenen Eier darauf verteilen.
5. Das Fleischstück möglichst satt aufrollen und mit Haushaltschnur binden.

6. Die Zwiebel in Ringe, den Knoblauch in dünne Scheibchen schneiden. Die Peperoni entkernen und in mundgerechte Stücke teilen. Die Rüebli schälen und der Länge nach halbieren. Den Stielansatz der Tomaten entfernen und die Früchte in Viertel schneiden.
7. Reichlich Olivenöl in einem grossen Bräter erhitzen und den Braten rundum sorgfältig anbraten.
8. Die Zwiebelringe, den Knoblauch, die Peperoni und die Rüebli beifügen und einen Moment mitdünsten.
9. Mit dem Rotwein ablöschen. Die Tomaten sowie die Kräuter beifügen. Aufkochen. Dann den Bratentopf zudecken und auf kleinem Feuer während 2½ bis 3 Stunden schmoren lassen. Den Braten regelmässig wenden und wenn nötig etwas Flüssigkeit beifügen (Rotwein oder Bouillon).

10. Am Ende der Kochzeit den Sauerrahm mit etwas heisser Saucenflüssigkeit verrühren und beifügen. Die Sauce wenn nötig nachwürzen.
11. Den Braten tranchieren und zusammen mit den Gemüsen servieren.

Die Menü-Idee

Zur Vorspeise:
Zucchettisalat S. 53
Als Beilage:
Polenta oder Risotto
Zum Dessert:
Basilikum-Sorbet S. 89

Tessiner Tomatenwähe

Für 4–6 Personen

125 g
Frühstücksspeckscheiben
1,2 kg Fleischtomaten
1 Paket Kuchenteig (ca. 450 g)

Guss:
2 dl Rahm
4 Eier
100 g geriebener Sbrinz oder
Parmesan
Salz, Pfeffer aus der Mühle
1 Esslöffel frischer, gehackter
Thymian

1. Den Speck in feine Streifchen schneiden und ohne weitere Fettzugabe in einer Bratpfanne langsam anbraten. Auskühlen lassen.

2. Die Tomaten waschen und in Achtel schneiden (kleinere Tomaten nur vierteln).

3. Den Kuchenteig ca. 3 mm dünn auswallen und ein mittleres Wähenblech damit auslegen. Den Boden mit einer Gabel regelmässig einstechen.

4. Die gerösteten Speckstreifchen auf dem Teig verteilen. Die Tomaten wie Apfelschnitze auf dem Teigboden anordnen.

5. Für den Guss den Rahm, die Eier und den Sbrinz oder Parmesan miteinander mischen. Mit Salz, Pfeffer und Thymian würzen.

6. Den Guss zwischen die Tomaten giessen und die Wähe sofort im auf 220 Grad vorgeheizten Ofen auf der untersten Rille ca. 40 Minuten backen. Sollte der Guss zu schnell dunkeln, mit Alufolie abdekken. Vor dem Aufschneiden 5–10 Minuten ruhen lassen.

Tip
Anstelle von Thymian kann man das Tomatengewürz Nr. 1, frisches Basilikum oder aber Oregano verwenden. Der Speck kann durch Schinkenstreifen ersetzt werden.

Mariniertes Rindfleisch mit Basilikum

(Carpaccio)
Für 4 Personen

250 g gut gelagertes
Rindfleisch (Filet oder Huft)
100 g Parmesan am Stück
Salz, schwarzer Pfeffer aus
der Mühle
ca. 20 schöne
Basilikumblätter
Saft von 1–1½ Zitronen
ca. 1 dl gutes, kaltgepresstes
Olivenöl
1 Bund Petersilie

1. Das Fleisch vom Metzger in möglichst dünne Scheibchen schneiden lassen (wie für Fondue chinoise). Schneidet man das Fleisch zu Hause, was von der Frische her empfehlenswert ist, so gibt man es zuvor etwa 30–45 Minuten ins Tiefkühlfach, dann lässt es sich besser aufschneiden.

2. Den Käse in möglichst dünne Scheibchen schneiden oder hobeln.

3. Das Fleisch auf vier Teller verteilen. Mit Salz und reichlich frisch gemahlenem Pfeffer bestreuen. Dann die Basilikumblätter darauf verteilen. Zuletzt den Käse darübergeben.

4. Den Zitronensaft, etwas Salz und Pfeffer sowie das Olivenöl zu einer sämigen Sauce rühren. Zuletzt die feingehackte Petersilie untermischen.

5. Die Marinade über das Carpaccio verteilen. Sofort servieren oder mit Folie bedeckt bei Zimmertemperatur höchstens noch 30 Minuten stehenlassen.

Tip
Vom Carpaccio gibt es die verschiedensten Rezepte. So kann man zum Beispiel die Basilikumblätter durch hauchdünn geschneibelte frische Champignons ersetzen.

Gemüse-Cannelloni
Für 4 Personen

12–16 Stück Lasagneblätter
<u>Tomatensauce:</u>
1 kg frische Tomaten oder
1 grosse Dose Pelati-Tomaten
(800 g)
1 Zwiebel
1 Knoblauchzehe
4 Esslöffel Olivenöl
Salz, schwarzer Pfeffer
<u>Füllung:</u>
3 Rüebli
2 mittlere Zucchetti
1 kleiner Wirz
1 Lauchstengel
1 Zweig Stangensellerie
1 grosse Zwiebel
50 g Butter
1 dl Weisswein oder Bouillon
1 Bund Petersilie
Salz, Pfeffer aus der Mühle
<u>Zum Überbacken:</u>
4 Esslöffel geriebener Sbrinz

1. Die Lasagneblätter in reichlich siedendem Salzwasser knapp weich kochen. Abschütten und in einer Schüssel mit kaltem Wasser aufbewahren.

2. Für die Tomatensauce die Tomaten in kleine Stücke schneiden. Die Zwiebel und die Knoblauchzehe fein hakken und im warmen Olivenöl andünsten. Die Tomaten beifügen (Pelati mitsamt Saft) und alles auf kleinem Feuer zu einer dicklichen Sauce einkochen lassen. Mit Salz und Pfeffer würzen.

3. Für die Füllung die Rüebli, die Zucchetti (ungeschält), den Wirz, den Lauch, den Stangensellerie sowie die Zwiebel in möglichst feine Streifen beziehungsweise Ringe schneiden.

4. Die Butter in einer weiten Pfanne erhitzen und das Gemüse darin andünsten. Mit dem Weisswein oder der Bouillon ablöschen und alles auf kleinem Feuer so lange köcheln, bis das Gemüse ganz knapp weich ist. Die gehackte Petersilie beifügen und alles mit Salz und Pfeffer würzen.

5. Die Lasagneblätter auf einem Tuch gut abtropfen lassen. Auf jedes Nudelblatt etwas Füllung geben, aufrollen und in eine ausgebutterte Gratinform schichten. Mit der Tomatensauce bedecken und mit dem Käse bestreuen.

6. Die Gemüse-Cannelloni im auf 200 Grad vorgeheizten Ofen auf der zweituntersten Rille während ca. 20 Minuten überbacken.

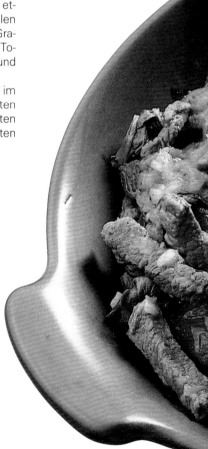

Rindscurry mit Spinat und Tomaten

Für 4 Personen

600 g Saftplätzli vom Rind
eingesottene Butter zum
Anbraten
3 grosse Zwiebeln
4 Esslöffel milder Curry
2 dl trockener Weisswein
1–2 dl schwache
Fleischbouillon
500 g tiefgekühlter Blattspinat
500 g Fleischtomaten
Salz, Pfeffer aus der Mühle

1. Die Saftplätzli in fingerdicke Streifen schneiden. Portionenweise in der heissen Butter scharf anbraten. Herausnehmen.

2. Die Zwiebeln schälen und grob hacken. Im Bratensatz goldgelb andünsten. Den Curry darüberstreuen und kurz mitdünsten, damit er sein Aroma voll entfalten kann. Mit dem Weisswein ablöschen und diesen ganz leicht einkochen lassen. Dann die Bouillon sowie das angebratene Fleisch beifügen und alles zugedeckt mindestens 1–1¼ Stunden auf kleinem Feuer schmoren lassen.

3. Den Spinat wenn möglich auftauen und gut ausdrücken.

4. Die Tomaten kurz in kochendes Wasser tauchen, schälen, quer halbieren und entkernen. In mundgerechte Stücke schneiden.

5. 10 Minuten vor dem Servieren den Spinat und die Tomaten beifügen und sorgfältig mit dem Fleisch mischen. Mit Salz und Pfeffer nachwürzen. Alles gut heiss werden lassen.

Die Menü-Idee
Als Beilage passen Kartoffeln in der Schale oder ein Bouillonreis.

Fischfilets mit Zitronen und Kapern

Für 6–8 Personen als Vorspeise, für 4 Personen als kleines Essen

2 Zitronen
8 Fischfilets (z. B. Rotzunge, Goldbutt, Felchen usw.)
Salz, weisser Pfeffer aus der Mühle
etwas Mehl
2 Esslöffel Butter
½ dl Weisswein
2–3 Esslöffel Kapern
75 g Tafel- oder Kochbutter

1. Zuerst die Zitronen vorbereiten: die Schale von 1 Zitrone fein abreiben (nur das Gelbe!) und zur weiteren Verwendung beiseitestellen. Dann die beiden Zitronen wie einen Apfel schälen und die Schnitzchen mit einem scharfen Messer aus den Trennhäuten lösen. In kleine Würfelchen schneiden.

2. Die Fischfilets mit Salz und Pfeffer würzen und im Mehl sparsam wenden. Überschüssiges Mehl abschütteln.

3. Die Butter in einer Bratpfanne erhitzen und die Fischfilets auf beiden Seiten – eventuell portionenweise – goldbraun braten. Herausnehmen und warm stellen.

4. Die Zitronenwürfelchen im restlichen Bratfett kurz dünsten. Dann mit dem Weisswein ablöschen und die unter warmem Wasser abgespülten Kapern beifügen. Die Sauce noch einen Moment kochen lassen. Dann die Butter in Stücken zur Sauce geben und unter Schwenken der Pfanne in die Sauce einziehen lassen. Mit Salz, Pfeffer und der abgeriebenen Zitronenschale würzen. Die Sauce über die Fischfilets anrichten und sofort servieren.

Tip
Auch tiefgekühlte Fische, wie z. B. Flunder oder Dorsch, eignen sich für diese Zubereitungsart. Man lässt sie so weit antauen, dass sie sich voneinander lösen; es ist nicht nötig, dass sie vollständig aufgetaut sind.

Die Menü-Idee
Als Beilage passen Petersilienkartoffeln.

Broccoli-Pie mit Schinken

Für eine mittlere Springform

800 g Broccoli
200 g Schinken am Stück
ca. 600 g Blätterteig
Guss:
3–4 Eier
3–4 dl Rahm
Salz, Pfeffer, Muskat

1 Eigelb zum Bestreichen

1. Den Broccoli rüsten, d. h. in kleine Röschen teilen und die dickeren Strünke in Stücke schneiden. In etwas Salzwasser knapp weich kochen. Abschütten und gut abtropfen lassen.

2. Den Schinken in kleine Würfel schneiden.
3. Zwei Drittel des Blätterteiges auswallen und eine Springform damit auslegen, dabei einen etwa 6 cm hohen Rand hochziehen.
4. Den Broccoli und den Schinken auf dem Boden verteilen.
5. Für den Guss die Eier mit dem Rahm verquirlen; je nach Grösse der Form braucht es etwas mehr oder weniger Guss. Mit Salz, Pfeffer und Muskat würzen. Über das Gemüse verteilen.
6. Den restlichen Blätterteig etwas grösser als der Durchmesser der Springform auswallen. Als »Deckel« auflegen, dabei Rand gegen Rand

andrücken, dann durch Aufrollen verschliessen. Vor dem Backen mindestens 20 Minuten kühl stellen.
7. Den Pie mit Eigelb bestreichen und im auf 200 Grad vorgeheizten Ofen (Heissluftofen: 180 Grad) auf der untersten Rille während ca. 50 Minuten goldbraun backen. Sollte die Oberfläche zu rasch dunkeln, diese mit Alufolie abdecken. Herausnehmen und heiss servieren.

Tip
Dieser Pie kann auch sehr gut mit anderem Gemüse oder einer Gemüsemischung zubereitet werden.

Entrecôte Café de Paris

Für 4 Personen

600–800 g Entrecôte am Stück
Salz, schwarzer Pfeffer aus der Mühle
eingesottene Butter zum Braten
<u>*Sauce Café de Paris:*</u>
100 g gesalzene Butter
1 Bund Petersilie
je ½ Teelöffel Thymian, Majoran, Salbei, Basilikum, Liebstöckel und Rosmarin
3 Sardellenfilets
1 Knoblauchzehe
1 Teelöffel scharfer Senf
1 Teelöffel Currypulver
abgeriebene Schale von ½ Zitrone
1 Teelöffel Zitronensaft
½ Teelöffel Worcestershiresauce
1 Esslöffel Cognac
nach Belieben wenig Salz
<u>*Zum Fertigstellen der Sauce:*</u>
½ dl Vollrahm

1. Das Entrecôte unmittelbar vor dem Anbraten mit Salz und Pfeffer würzen. In der heissen Butter rundum scharf anbraten. Herausnehmen, in eine feuerfeste Form legen und im auf 80 Grad vorgeheizten Ofen während 1¼ Stunden ruhen lassen (saignant); wünscht man es zartrosa, lässt man es eine halbe Stunde länger liegen.

2. In der Zwischenzeit die Kräuterbutter herstellen: Die Butter bei Zimmertemperatur weich werden lassen. So lange mit einer Kelle rühren, bis sich Spitzchen bilden. Die Kräuter und die Sardellenfilets fein hacken und zur Butter geben. Die Knoblauchzehe dazupressen. Den Senf, den Curry, die Zitronenschale und den Zitronensaft darunterarbeiten. Zuletzt die Kräuterbutter mit Worcestershiresauce, Cognac und eventuell wenig Salz abschmecken. Die Kräuterbutter zu einer Rolle formen und kühl stellen.

3. Den Bratensatz in der Bratpfanne mit wenig Wasser auflösen und abgiessen. Die Café-de-Paris-Butter hineingeben und schmelzen. Sobald sie aufschäumt, mit dem Rahm mischen und sofort über das aufgeschnittene Fleisch geben.

Tip
Sauce und Fleisch auf einem Fonduerechaud warmhalten.

Die Menü-Idee
Zur Vorspeise: Fritto misto S. 121
Als Beilage zum Hauptgericht: Trockenreis oder Pommes frites
Zum Dessert: Beeren-Salat mit flüssigem Vanille-Rahm

Überbackene Auberginen mit Tomaten und Käse

Für 4 Personen

2 mittlere Auberginen
Salz
Olivenöl zum Braten
1 kg frische Tomaten oder
1 grosse Dose Pelati (800 g)
1 kleine Zwiebel
2 Esslöffel Olivenöl
Salz, Pfeffer aus der Mühle
1½ Teelöffel frischer Oregano
2 Pakete Mozzarellakäse
75 g geriebener Parmesan
etwas Olivenöl zum
Beträufeln

1. Die Auberginen waschen, den Stielansatz wegschneiden und die Früchte der Länge nach in dünne Scheiben schneiden. Mit Salz bestreuen und mindestens eine halbe Stunde Wasser ziehen lassen. Dann unter kaltem Wasser abspülen und mit Haushaltspapier trocken tupfen.
2. Reichlich Olivenöl in einer Bratpfanne erhitzen und die Auberginenscheiben auf mittlerem Feuer auf beiden Seiten weich braten. Herausnehmen und auf Küchenpapier das überschüssige Fett abtropfen lassen.
3. Die Tomaten kurz in kochendes Wasser tauchen, schälen und in Würfel schneiden.
4. Die Zwiebel schälen, fein hacken und im Öl glasig anziehen.
5. Die Tomatenwürfel beifügen und in der offenen Pfanne auf mittlerem Feuer zu einer dicklichen Sauce einkochen lassen. Mit Oregano, Salz und Pfeffer würzen.
6. Den Mozzarella gut abtropfen lassen und in Scheiben schneiden.
7. Eine flache feuerfeste Form mit Öl auspinseln und mit einer Lage Auberginenscheiben auslegen. Darauf etwas Tomatensauce, Mozzarellascheiben und Parmesan verteilen. Wieder eine Schicht Auberginen, Tomatensauce und Käse daraufgeben. So lange weiterfahren, bis alle Zutaten aufgebracht sind; mit Käse abschliessen.
8. Den Gratin mit etwas Olivenöl beträufeln und im auf 200 Grad vorgeheizten Ofen auf der untersten Rille während ca. 30 Minuten backen. Für besonders Hungrige serviert man dazu knuspriges Brot, Kartoffeln in der Schale oder Trockenreis.

Die Menü-Idee
Als Vorspeise:
Schinkenmousse S. 12
Zum Dessert:
Basilikumsorbet S. 89

63

Gefülltes Brot
Für 4–6 Personen

1 Pariserbrot, Kastenbrot oder
kleines Weissbrot
¼ l Sulz, nach Angabe auf der
Packung zubereitet
150 g Schinken
1 Bund Petersilie
1 Bund Schnittlauch
3–4 Salzgurken
100 g Leberpain
1 Esslöffel Senf
2 Esslöffel Mayonnaise
nach Belieben 1 Esslöffel
Tomatenpüree

1. Beide Enden des Brotes
wegschneiden und von Hand
sowie mit Hilfe einer Gabel die
weiche Brotkrume herausholen; es soll noch ungefähr ein
Rand von 1 cm Dicke übrigbleiben.
2. Die Brotkrumen in der noch
lauwarmen Sulzflüssigkeit einweichen. So lange kühl stellen, bis die Sulze leicht anzu-
ziehen beginnt.
3. Inzwischen den Schinken
möglicht fein hacken, ebenso
die Petersilie. Den Schnittlauch fein schneiden. Die Salzgurken sehr fein würfeln.
4. Das eingeweichte Brot mit
einer Gabel durcharbeiten.
Dann den Schinken, die Kräuter, die Gurken, das Leberpain,
den Senf, die Mayonnaise und
nach Belieben das Tomatenpüree beifügen. Alles zu einer
geschmeidigen Masse rüh-
ren.
5. Die Masse von beiden Seiten her satt in das Brot einfüllen.
6. Das gefüllte Brot vor dem
Aufschneiden mindestens
zwei Stunden im Kühlschrank
ruhen lassen.

Die Menü-Idee
Als Beilage passen
verschiedene Salate oder
man serviert als Vorspeise die
kalte Rüebli-Avocado-Suppe
S. 79

Pouletbrüstchen an Basilikum-Zitronen-Sauce

Für 4 Personen

4 Pouletbrüstchen
16 schöne Basilikumblätter
Salz, Pfeffer aus der Mühle
eingesottene Butter zum Braten
1 Zitrone
1 dl Weisswein
2 Messerspitzen Liebigs Fleischextrakt oder
½ Würfel Hühnerbouillon
2 dl Vollrahm
1 Bund Basilikum

1. In jedes Pouletbrüstchen eine tiefe Tasche schneiden (evtl. vom Metzger machen lassen) und diese mit je vier Basilikumblättern auslegen. Es ist nicht nötig, die Tasche mit Zahnstocher zu verschliessen, da die Füllung ja nicht auslaufen kann.

2. Die Pouletbrüstchen mit Salz und Pfeffer beidseitig würzen und sofort in der heissen Butter anbraten. Die Hitze kleiner stellen und 5 Minuten weiterbraten.

3. In der Zwischenzeit den gelben Schalenteil der Zitrone möglichst dünn ablösen und in feine Streifen schneiden. Die Zitrone auspressen und den Saft mit dem Weisswein mischen.

4. Nach 5 Minuten Bratzeit die Zitronen-Weisswein-Mischung zu den Pouletbrüstchen geben. Alles weitere 5 Minuten köcheln lassen. Dann das Fleisch herausnehmen und warmstellen.

5. Die Sauce auf grossem Feuer so lange eindampfen lassen, bis nur noch ½ dl Flüssigkeit vorhanden ist. Den Fleischextrakt oder den Bouillonwürfel sowie den Rahm beifügen. Noch einen Moment köcheln lassen. Mit Salz und Pfeffer abschmecken. Zuletzt das in feine Streifen geschnittene Basilikum und die Zitronenstreifchen beigeben.

6. Die Pouletbrüstchen wieder in die Sauce legen und nur noch gut heiss werden lassen.

Tip
Die Sauce passt auch zu Truthahn- oder Kalbsschnitzelchen.

Die Menü-Idee
Zur Vorspeise: Zucchetti italienische Art S. 53, als Salat zubereitet
Als Beilage: Trockenreis oder feine Nudeln
Zum Dessert: Erdbeercreme S. 44

Gefüllte Zucchetti Gärtnerart
Für 4 Personen

4 grosse Zucchetti
150 g Kalbsbrät
250 g gemischtes Hackfleisch
1 kleine Zwiebel
2 Knoblauchzehen
2 Esslöffel gehackte Petersilie
Salz, Pfeffer aus der Mühle
8 Scheiben Frühstücksspeck
8 eher kleine, feste Tomaten
2–3 dl Fleischbouillon
einige Blätter Liebstöckel
oder glattblättrige Petersilie

1. Die Zucchetti waschen, den Stielansatz entfernen und die Früchte der Länge nach sorgfältig halbieren. Mit einem Löffel sämtliche Kerne herausschaben und etwas aushöhlen.

2. Das Brät und das Hackfleisch in einer Schüssel mischen.

3. Die Zwiebel an einer Bircherraffel dazureiben und die Knoblauchzehen dazupressen. Die Petersilie beifügen und die Masse mit Salz und Pfeffer würzen.

4. Die Masse bergartig in vier Zucchettihälften einfüllen und mit den anderen Hälften decken. Mit je zwei Speckscheiben satt umwickeln.

5. Die Zucchetti zusammen mit den Tomaten in eine gut ausgebutterte Gratinform legen und mit Petersilie bestreuen. Die Bouillon dazugiessen und die Form auf die unterste Rille des auf 200 Grad vorgeheizten Ofens einschieben. Die Zucchetti unter regelmässigem Begiessen mit der

Bouillon während ca. 50 Minuten langsam weich schmoren. Die Garzeit hängt von der Grösse der Zucchetti ab. Für die Garprobe mit einem spitzen Messer in die Zucchetti stechen, dann spürt man, ob sie wirklich weich sind. Nach 30 Minuten Backzeit die Hitze auf 180 Grad zurückstellen.

Schweinsfilet-braten

Für 4–6 Personen

Marinade:
3 Esslöffel Weisswein
abgeriebene Schale von
1 Zitrone
2 Esslöffel scharfer Senf
2 Esslöffel feingeschnittenes
Basilikum oder 1 Teelöffel
frischer Thymian
1 Esslöffel frischer gehackter
Rosmarin oder ½ Teelöffel
Rosmarinpulver
reichlich Pfeffer aus der
Mühle
1–2 Knoblauchzehen
6 Esslöffel Öl

3 möglichst gleich grosse
Schweinsfilets
ca. 15 Tranchen
Frühstücksspeck
Salz

1. Den Weisswein mit der Zitronenschale, dem Senf, den Kräutern und dem Pfeffer verrühren. Die Knoblauchzehe dazupressen und alles mit dem Öl verrühren. Die Schweinsfilets während mindestens einer Stunde, besser aber länger, in die Marinade legen und von Zeit zu Zeit wenden.
2. Die Specktranchen auf dem Küchentisch dicht aneinander in der Länge der Schweinsfilets auslegen.
3. Die Schweinsfilets aus der Marinade nehmen, gut abtropfen lassen und leicht salzen. Zwei Filets nebeneinander auf den Speck legen, das dritte Filet obenauf. Etwas Kräuter aus der Marinade daraufstreichen. Dann die drei Filets mit den Specktranchen satt einpacken, so dass ein möglichst kompaktes Fleischstück entsteht. Mit Haushaltsfaden binden.

4. Den Ofen auf 220 Grad vorheizen. Die Fettpfanne auf der untersten, den Grillrost auf der nächsten Rille einschieben.
5. Das Fleisch auf den Grillrost legen und während ca. 45 Minuten braten. Dabei von Zeit zu Zeit wenden und mit dem sich bildenden Jus in der Fettpfanne einpinseln. Die genaue Bratzeit hängt weitgehend von der Grösse der Schweinsfilets ab. Deshalb empfiehlt es sich, das Bratenstück mit einem Fleischthermometer zu überwachen.
6. Den Schweinsfiletbraten aus dem Ofen nehmen und vor dem Tranchieren in Folie eingewickelt ca. 5–10 Minuten ruhen lassen.

Die Menü-Idee
Zur Vorspeise: Gemüse-Cannelloni S. 58
Als Beilage: Eingemachtes Peperonigemüse S. 72
Zum Dessert: Mousse au chocolat

Maccheroni an pikanter Fleischsauce

Für 4 Personen

2 Knoblauchwürste
(z. B. Chorizo)
200 g Champignons
1 Zweig Stangensellerie
1 Bund Petersilie (wenn möglich glattblättrige Sorte)
1 Zwiebel
2 Knoblauchzehen
1 Peperoncino (scharfe Pfefferschote)
1 dl Olivenöl
300 g geschnetzeltes Schweinefleisch
1 Esslöffel frische Rosmarinnadeln
2 dl Rotwein
1 kleine Dose Tomatenpüree
1 Dose Pelati-Tomaten (400 g)
Salz, schwarzer Pfeffer
400 g Maccheroni oder eine andere Teigwarensorte

1. Die Knoblauchwürste kurz in heisses Wasser tauchen und schälen. In dünne Scheiben schneiden.
2. Die Champignons waschen, rüsten und vierteln.
3. Den Stangensellerie rüsten und grob hacken.
4. Die Petersilie nicht zu fein schneiden.
5. Die Zwiebel und die Knoblauchzehen schälen und hacken.
6. Den Peperoncino halbieren, entkernen und in Ringe schneiden.
7. Das Olivenöl in einer grossen Pfanne erhitzen und die Zwiebeln sowie den Knoblauch hellgelb anziehen.
8. Das Geschnetzelte und die Knoblauchwurstscheiben beifügen und kurz mitbraten.
9. Die Champignons, die Petersilie, den Peperoncino sowie die Rosmarinnadeln beifügen und einen Moment mitdünsten.
10. Alles mit dem Rotwein ablöschen und diesen leicht einkochen lassen.
11. Das Tomatenpüree und die Pelati-Tomaten beifügen. Die Sauce mit Salz und Pfeffer würzen und auf kleinem Feuer während ca. 1½ Stunden köcheln lassen.
12. Die Teigwaren in reichlich siedendem Salzwasser knapp weich, d. h. »al dente« kochen. Abschütten, gut abtropfen lassen und in einer vorgewärmten Schüssel mit der Fleischsauce mischen. Sofort servieren.

Tip

Nach Belieben unmittelbar vor dem Servieren reichlich frisches, grob geschnittenes Basilikum unter die mit der Sauce gemischten Teigwaren geben.

Die Menü-Idee

Als Hauptgericht: Hackbraten vom Blech S. 70
Zum Dessert: Erdbeercreme S. 44

Verlorene Eier mit Tomatensauce

Für 4 Personen

Tomatensauce:
500 g Fleischtomaten oder
1 Dose Pelati-Tomaten (400 g)
50 g Butter
1 kleine Zwiebel
Salz, Pfeffer
1 Prise Zucker

8 möglichst frische Eier
1 l Salzwasser
2 Esslöffel Weissweinessig
8 Scheiben Toastbrot
2–3 Esslöffel Butter

1. Zuerst die Tomatensauce zubereiten: Den Stielansatz der Tomaten entfernen und die Früchte in Würfel schneiden. In der Hälfte der Butter 10 Minuten dünsten. Mit dem Mixerstab oder im Mixer pürieren. Die Sauce in die Pfanne zurückgeben, die restliche Butter, die geschälte und halbierte Zwiebel, Salz, Pfeffer sowie Zucker beifügen und alles auf kleinstem Feuer ungedeckt 30 Minuten kochen lassen. Dann die Zwiebel herausnehmen und die Sauce wenn nötig nachwürzen.

2. Für die verlorenen Eier das Salzwasser mit dem Essig aufkochen. Jeweils ein Ei auf einmal in eine Tasse aufschlagen und von dort aus langsam in den schwach kochenden Sud gleiten lassen. Während 4–5 Minuten pochieren. Dabei mit einem Löffel das Ei so bewegen, dass das Eigelb vom Eiweiss eingehüllt wird. Mit einer Schaumkelle sorgfältig herausheben, wenn nötig die Ränder mit einer Schere zurechtschneiden. Die Eier zugedeckt warm stellen.

3. Die Toastbrotscheiben in einer Bratpfanne in der Butter beidseitig goldbraun rösten. Auf Teller anrichten.

4. Die pochierten Eier je auf einen Toast geben und mit der Tomatensauce überziehen. Sofort sehr heiss servieren.

Tip

Eier, die man pochieren möchte, müssen so frisch wie nur möglich sein (Klasse Extra), weil sie dann noch ein dickflüssiges Eiweiss haben, das rasch zu einer weissen Hülle stockt. Ältere Eier laufen im heissen Wasser hingegen oft auseinander.

Hackbraten vom Blech

Für 8–10 Personen

1,5 kg gemischtes Hackfleisch
500 g Kalbsbrät
4 grosse Zwiebeln
2 Bund Petersilie
2 Bund Basilikum
3 Eier
Salz, Pfeffer aus der Mühle
Paprika, Muskat
<u>*Zum Garnieren:*</u>
6 Tomaten
4 milde Zwiebeln oder
Frühlingszwiebeln

1. Das Hackfleisch und das Brät in eine Schüssel geben.
2. Die Zwiebeln schälen und fein hacken, ebenso die Petersilie und das Basilikum.
3. Die Gewürze mit den Eiern zum Fleisch geben und alles zu einem geschmeidigen Fleischteig durcharbeiten. Kräftig mit Salz, Pfeffer, Paprika und Muskat würzen.
4. Ein grosses Blech mit etwas Öl auspinseln und den Fleischteig darauf ausstreichen. Die Oberfläche glatt streichen und mit einem Messer gitterartig leicht einschneiden.
5. Den Hackbraten auf der mittleren Rille des auf 220 Grad vorgeheizten Ofens einschieben und 25 Minuten backen.
6. Dann den Ofen auf höchste Grillstufe oder Oberhitze einstellen. Das Blech mit dem Hackbraten herausnehmen und allfällig ausgetretener Saft abgiessen. Den Hackbraten nochmals 10 Minuten überbacken, bis seine Oberfläche braune Flecken hat.
7. Serviert man den Hackbraten warm, vor dem Aufschneiden zugedeckt 10 Minuten ruhen lassen. Jede Portion mit in Scheiben geschnittenen Tomaten und Zwiebeln ausgarnieren.

Die Menü-Idee
Zur Vorspeise: Kalte Rüebli-Avocado-Suppe S. 79
Als Beilage zum Hackbraten: verschiedene Brotsorten
Zum Dessert: Galette S. 125

Rindszunge an Kapernsauce

Für 6–8 Personen

1 gesalzene, geräucherte
Rindszunge (ca. 1,2 kg)
2 Rüebli
1 Stück Sellerie
1 kleiner Lauchstengel
1 Zwiebel, besteckt mit Nelke
und Lorbeerblatt
Kapernsauce:
40 g Butter
2 gestrichene Esslöffel Mehl
3 dl Kochsud
1 dl Weisswein
1 ½ dl Rahm
wenig Zitronensaft
abgeriebene Schale von
¼ Zitrone
Salz, Pfeffer aus der Mühle
4 Esslöffel Kapern

1. Die Zunge unter kaltem Wasser gründlich spülen. Die Rüebli und den Sellerie schälen und in Stücke schneiden. Vom Lauch grobe grüne Teile entfernen, dann den Stengel in Ringe schneiden.
2. Alle Gemüse sowie die besteckte Zwiebel in eine grosse Pfanne geben und diese gut zur Hälfte mit Wasser auffüllen. Aufkochen.
3. Die Rindszunge beifügen und 10 Minuten sprudelnd kochen lassen. Wenn nötig abschäumen.
4. Die Hitze zurückstellen und die Zunge während 2½ bis 3 Stunden ziehen lassen. Nicht mehr kochen!
5. Für die Sauce die Butter in einem kleinen Pfännchen schmelzen. Das Mehl beifügen und unter Rühren andünsten. Den Kochsud und den Weisswein unter gutem Rüh-

ren beifügen. Die Sauce aufkochen und auf kleinstem Feuer 10 Minuten köcheln.
6. Den Rahm beifügen. Die Sauce mit einigen Tropfen Zitronensaft, Zitronenschale, Salz und Pfeffer würzen. Noch einen Moment kochen lassen.
7. Unmittelbar vor dem Servieren die Kapern unter die Sauce mischen.
8. Die Zunge aus dem Sud nehmen, häuten und in Scheiben schneiden. Auf eine vorgewärmte Platte anrichten. Mit wenig Sauce überziehen. Die restliche Sauce separat dazu servieren.

Tip
Rindszunge ist im Fleisch etwas fester und geschmacklich intensiver als Kalbszunge, welche auf die gleiche Weise zubereitet werden kann, aber eine etwas kürzere Kochzeit hat (1½–2 Stunden). Garprobe: Die Zungenspitze muss beim Einstechen weich sein.

Die Menü-Idee
*Zur Vorspeise: Gefüllte Eier
S. 40
Als Beilage: Salzkartoffeln
und/oder Bohnen in Butter
Zum Dessert: Fruchtsalat*

Eingemachtes Peperonigemüse

6 rote Peperoni
6 Frühlingszwiebeln
1 Bund Stangensellerie
reichlich glattblättrige
Petersilie (italienische
Petersilie)
1½ dl Olivenöl
1 Esslöffel Rosenpaprika
2½ dl Weissweinessig
1½ dl Weisswein
150 g brauner Zucker
2 Esslöffel Senfkörner
3 Lorbeerblätter
Salz

1. Die Peperoni halbieren, entkernen und waschen. In Streifen schneiden.

2. Die Zwiebeln wenn nötig schälen, dabei jedoch die Röhrchen nicht wegwerfen. Das Zwiebelgrün in Ringe schneiden, die restlichen Zwiebeln sehr grob hacken.

3. Vom Stangensellerie den Stielansatz entfernen. Die einzelnen Stengel wenn nötig wie Rhabarber abziehen. Schöne Blättchen an den Stengeln belassen. Die Stengel in Streifen schneiden.

4. Die Petersilie waschen und die Blättchen einzeln von den Stielen zupfen.

5. Das Öl in einer grossen Pfanne erhitzen und die Zwiebeln mitsamt Grün hineingeben. Unter öfterem Wenden während gut 15 Minuten dünsten.

6. Dann das Paprikapulver darüberstreuen und kurz mitdünsten.

7. Mit dem Essig und dem Weisswein ablöschen. Den Zucker, die Senfkörner und die Lorbeerblätter beifügen. Alles unter Rühren weitere 10 Minuten kochen lassen.

8. Erst jetzt die Peperoni, den Stangensellerie und die Petersilienblätter beifügen. 30 Minuten auf kleinem Feuer in der offenen Pfanne leicht einkochen lassen. Erst ganz zuletzt mit Salz abschmecken.

9. Kochendheiss in saubere Gläser mit Drehverschluss einfüllen und sofort verschliessen. Das Gemüse kühl und dunkel aufbewahren; angebrochene Gläser unbedingt in den Kühlschrank stellen.

Die Menü-Idee
Eine originelle Beilage zu allen Grillspezialitäten, zu kurz gebratenem Fleisch, Braten ohne Sauce (z. B. Schweinsfiletbraten, S. 67) sowie Geflügel.

Bohnengratin Lyonnaise
Für 4 Personen

750 g feine grüne Bohnen
500 g Fleischtomaten
4 Schalotten oder kleine
Zwiebeln
2 Esslöffel Butter
Salz, schwarzer Pfeffer aus
der Mühle
Sauce zum Überbacken:
1,5 dl Weisswein
1 Schalotte
4 Petersilienstengel
6 weisse Pfefferkörner
2 Eigelb
1 ganzes Ei
125 g flüssige Butter
wenig Zitronensaft
Salz, weisser Pfeffer aus der
Mühle

1. Die Bohnen rüsten und in Salzwasser weich kochen. Abschütten und gut abtropfen lassen.
2. Die Tomaten waschen und je nach Grösse vierteln oder achteln.
3. Die Schalotten schälen und vierteln.
4. Die Butter erhitzen und die Schalotten während 5 Minuten dünsten. Die Tomaten beifügen und kurz mitdünsten. Mit Salz und Pfeffer würzen. Mit den gekochten Bohnen mischen und alles in eine gut ausgebutterte Gratinform verteilen.
5. Für die Sauce den Weisswein mit der gehackten Schalotte, den Petersilienstengeln und den zerdrückten Pfefferkörnern aufkochen und so lange auf grossem Feuer einkochen, bis nur noch ½ dl Flüssigkeit übrig bleibt. Absieben, dabei die Rückstände gut ausdrücken.
6. Den Sud mit den Eigelb und dem ganzen Ei in einer Metallschüssel verrühren und

über einem heissen Wasserbad zu einer cremigen Masse aufschlagen. Sobald die Creme anfängt zu binden, die flüssige Butter nach und nach dazurühren.
7. Die Sauce mit Zitronensaft, Salz und Pfeffer würzen. Sofort über den Bohnengratin verteilen und diesen im auf 220 Grad vorgeheizten Ofen auf der mittleren Rille während ca. 10 Minuten überbakken. Die Sauce soll nur leichte braune Flecken bekommen.

Die Menü-Idee
*Eine raffinierte Beilage zum
Schweinsfilet-Braten S. 67*

Tip

Wichtig: Man kann das Gemüse im voraus zubereiten, sollte es aber vor dem Einfüllen in die Gratinform nochmals erhitzen, da die kurze Überbackzeit nicht reicht, das Gemüse genügend zu erwärmen.
Serviert man den Gratin als eigenständige Mahlzeit, kann man ihn mit Schinkenstreifen bereichern. Als Beilage passen Kartoffeln in der Schale.

Pouletbrüstchen an Basilikum-Thon-Sauce

Für 4 Personen als leichte Mahlzeit

6 Pouletbrüstchen
etwas Zitronensaft
1 Esslöffel Senf
Sud:
2 dl Weisswein
2 dl Hühnerbouillon
1 Zwiebel, besteckt mit
Lorbeerblatt und Nelke
Sauce:
1 Eigelb
1 Teelöffel Senf
einige Spritzer
Worcestershiresauce
1 dl Sonnenblumenöl
Salz, Pfeffer
½ dl Sud
½ dl Halb- oder Vollrahm
1 Esslöffel Zitronensaft
150 g Thon, abgetropft
gewogen

½ Bund Petersilie
1 Bund Basilikum
Zum Anrichten:
2 Fleischtomaten
½ Bund Petersilie
6 Basilikumblätter
Salz, Pfeffer

1. Die Pouletbrüstchen mit wenig Zitronensaft beträufeln und mit dem Senf einreiben.
2. Für den Sud den Wein, die Bouillon und die besteckte Zwiebel aufkochen und etwa 5 Minuten kochen lassen. Dann die Pouletbrüstchen hineinlegen und die Hitze so zurückstellen, dass der Sud nicht mehr sprudelnd kocht. Die Pouletbrüstchen während ca. 10 Minuten garziehen lassen; das Fleisch darf innen noch rosa sein. Die Pfanne vom Herd nehmen und die Pouletbrüstchen im Sud auskühlen lassen.
3. Für die Sauce zunächst eine Mayonnaise zubereiten: Das Eigelb Zimmertemperatur annehmen lassen, dann mit dem Senf und einigen Spritzern Worcestershiresauce verrühren. Das Öl zunächst ganz langsam in dünnem Faden unter kräftigem Rühren dazugiessen und alles zu einer dicken Sauce schlagen. Mit Salz und Pfeffer abschmecken.
4. Diese Mayonnaise mit ½ dl ausgekühltem Sud, dem Rahm, dem Zitronensaft, dem in Stücke zerzupften Thon, der Petersilie und den Basilikumblättern in den Mixbecher geben und fein pürieren. Mit Salz und Pfeffer sowie eventuell wenig Zitronensaft abschmecken.

5. Die Tomaten kurz in kochendes Wasser tauchen, schälen, quer halbieren, die Kerne herauskratzen und das Fleisch in Würfel schneiden. Mit der feingehackten Petersilie und dem Basilikum mischen und leicht salzen und pfeffern.
6. Die Pouletbrüstchen leicht schräg in dünne Scheiben aufschneiden und auf einer Platte anrichten. Mit der Sauce überziehen. Die Tomatenwürfel in der Mitte bergartig aufhäufen. Mit Pariserbrot und nach Belieben schwarzen Oliven, Eivierteln usw. servieren.

Überbackene Kalbsschnitzel Savoyarde

Für 4 Personen

2 Schalotten oder kleine
Zwiebeln
2 Esslöffel Butter
150 g Eierschwämmchen
(evtl. aus der Dose)
1 Teelöffel frischer Majoran
8 Kalbsschnitzel aus der Nuss
2 Esslöffel eingesottene
Butter
Salz, Pfeffer aus der Mühle
1 dl Portwein
3 dl Fleischbouillon
1 Teelöffel Butter
1 Teelöffel Mehl
1 dl Rahm
100 g gekochter Schinken
oder Rohschinken
50 g geriebener Greyerzer

1. Die Schalotten fein hacken
und in der Butter kurz anziehen.
2. Die Eierschwämmchen
waschen, rüsten, zu den Schalotten geben und ca. 10 Minuten mitdünsten. Zuletzt den
Majoran beifügen.
3. Die Kalbsschnitzel in der
heissen Butter beidseitig kurz
anbraten; das Fleisch muss innen noch sehr rosa sein. Mit
Salz und Pfeffer würzen, herausnehmen und in eine Gratinform einschichten.
4. Den Bratensatz mit dem
Portwein auflösen, dann die
Bouillon beifügen und zur Hälfte einkochen lassen.

Tip

Das Gericht kann bereits
am Morgen zubereitet
werden. In diesem Fall ist
es jedoch sehr wichtig,
dass die Kalbsschnitzel
wirklich nur ganz schnell
angebraten werden, da-
mit sie im Ofen nicht austrocknen; die Backzeit
verlängert sich um ca. 5
Minuten.
Anstelle von Kalbsplätz-
chen kann man auch Pou-
letbrüstchen oder Trut-
hahnschnitzel verwen-
den.

5. Die Butter und das Mehl
mit einer Gabel verkneten und
zur Sauce geben. So lange
weiterköcheln, bis die Sauce
leicht sämig ist. Mit dem
Rahm verfeinern und wenn
nötig nachwürzen.
6. Den Schinken in feine
Streifen schneiden. Über die
Schnitzel verteilen. Die Eierschwämmchen darüberge-
ben. Alles mit dem Käse bestreuen und die Sauce dar-

übergiessen. Im auf 220 Grad
vorgeheizten Ofen während
ca. 15 Minuten überbacken.

Die Menü-Idee

*Zur Vorspeise: Erbsen-
schaumsüppchen S. 28
Als Beilage zum
Hauptgericht: Kartoffel-
Zucchetti-Küchlein S. 100
oder Mais-Galettes S. 110
Zum Dessert: Brombeer-
Eiscake S. 87 oder Sorbet,
serviert mit den passenden
Früchten sowie einer
Fruchtsauce.*

75

Tortilla

(Spanische Omelette)
Für 4 Personen

300 g Kartoffeln
1 grosse Zwiebel
4 Esslöffel Olivenöl
1 Peperone
1 Zucchetto
1 Fleischtomate
150 g spanische
Knoblauchwurst (Chorizo)
oder Speckwürfelchen
5 Eier
100 g tiefgekühlte oder
frische, gekochte Erbsen
Salz, Pfeffer, Paprika

1. Die Kartoffeln schälen und in Würfelchen schneiden.
2. Die Zwiebel schälen und in möglichst dünne Ringe schneiden.

3. Das Olivenöl in einer grossen Bratpfanne erhitzen und die Kartoffelwürfelchen und die Zwiebelringe während gut 5 Minuten auf mittlerem Feuer braten.
4. Inzwischen den Peperone halbieren, entkernen, waschen und in mundgerechte Stücke schneiden. Den Stielansatz des Zucchetto entfernen und die Frucht ungeschält in Scheiben schneiden.
5. Die Tomate kurz in kochendes Wasser tauchen, herausnehmen, schälen, entkernen und in grobe Würfel schneiden.
6. Die Knoblauchwurst in Scheiben schneiden.
7. Den Peperone, den Zucchetto und die Knoblauchwurst zu den Kartoffeln geben und alles weitere 10 Minuten braten. Zuletzt die Tomaten untermischen.

8. Die Eier verquirlen und mit den Erbsen mischen. Mit Salz, Pfeffer und Paprika würzen.
9. Die Eimasse über das Gemüse geben, die Pfanne zudecken und die Eimasse auf kleinem Feuer langsam stokken lassen.
10. Die Tortilla auf eine vorgewärmte Platte gleiten lassen und sofort servieren.

Tip

In Spanien ist die Tortilla oft ein Restengericht: Man bereitet sie mit dem zu, was man gerade zu Hause hat.

Truthahnröllchen provenzalische Art

Für 4 Personen

2 Bund Petersilie
2 Zweige Thymian oder
1 Teelöffel getrockneter
Thymian
1 kleiner Zweig frischer
Rosmarin
1 Knoblauchzehe
6–8 Esslöffel Olivenöl
schwarzer Pfeffer aus der
Mühle
12–16 möglichst dünn
geschnittene
Truthahnplätzchen
300 g magerer
Frühstücksspeck
2 mittlere Zwiebeln
3 Rüebli
2 Zweige Stangensellerie
2 Dosen Pelati-Tomaten
(je ca. 400 g)
1 Esslöffel Tomatenpüree
Salz
4 Esslöffel gehackte Petersilie
(wenn möglich glattblättrige
Sorte)

1. Die Petersilie, den Thymian, den Rosmarin sowie die Knoblauchzehe fein hacken und mit dem Öl sowie reichlich Pfeffer aus der Mühle mischen.

2. Die Truthahnplätzchen mit der Marinade einpinseln. Die Scheiben aufeinanderlegen und zugedeckt mindestens eine Stunde marinieren lassen.

3. Auf jedes Plätzchen eine Scheibe Speck legen und aufrollen. Mit einem Zahnstocher verschliessen. Den restlichen Speck in feine Streifen schneiden.

4. Die Zwiebeln fein hacken. Die Rüebli und den Stangensellerie in kleine Würfelchen schneiden. Die Pelati-Tomaten grob hacken; den Saft nicht weggiessen, er wird für die Sauce verwendet.

5. In einer grossen Bratpfanne den Speck im eigenen Fett langsam anbraten. Dann die Zwiebeln und die Gemüsewürfelchen beifügen und unter regelmässigem Wenden 5 Minuten andünsten. Dann die Tomaten mitsamt Saft sowie das Tomatenpüree beifügen

und alles 10 Minuten kochen lassen. Mit Salz und Pfeffer würzen. Zuletzt die gehackte Petersilie daruntermischen. Alles in eine gut ausgebutterte Gratinform geben.

6. Die Truthahnröllchen in einer Bratpfanne ohne weitere Fettzugabe kurz rundum kräftig anbraten. Auf das Gemüsebett legen und im auf 220 Grad vorgeheizten Ofen auf der untersten Rille 15–20 Minuten backen.

Die Menü-Idee

Zur Vorspeise:
Schinkenmousse S. 12 mit
Toast
Beilage zum Hauptgericht:
Trockenreis oder in Butter
gebratene neue Kartoffeln
Zum Dessert: Basilikum-
Sorbet S. 89

darüberstreuen und alles mit dem Rahm beträufeln.

8. Den Krautstielgratin im auf 200 Grad vorgeheizten Ofen auf der mittleren Rille während 12–15 Minuten überbakken, bis das Eiweiss gestockt ist; das Eigelb soll innen noch leicht flüssig sein.

Als Beilage passen Kartoffeln in der Schale.

Tip

Einmal gerüstet, müssen die Krautstiele rasch weiterverarbeitet werden, denn die Stengel verfärben sich schnell und werden unansehnlich grau. Gibt man dem Kochwasser etwas Milch oder Zitronensaft bei, so bleiben sie besonders schön weiss.

Krautstielgratin mit Eiern

Für 4 Personen

1 kg Krautstiele, wenn möglich mit Blättern
4 Tomaten
1 kleine Zwiebel
2 Esslöffel Butter
1 dl Bouillon
Salz, schwarzer Pfeffer
4 Eier
50 g geriebener Greyerzer
1½ dl Rahm

1. Die Krautstiele waschen, wenn nötig faserige Stiele wie Rharbarber abziehen. Mitsamt den Blättern in breite Streifen schneiden.

2. Die Tomaten kurz in kochendes Wasser tauchen, schälen, quer halbieren, entkernen und in grobe Würfel schneiden.

3. Die Zwiebel schälen, fein hacken und in der warmen Butter anziehen.

4. Die Krautstiele beifügen und 2–3 Minuten mitdünsten.

5. Die Bouillon dazugiessen und das Gemüse zugedeckt auf kleinem Feuer 10 Minuten dünsten.

6. Dann die Tomatenwürfel beifügen und alles noch 2–3 Minuten kochen lassen. Das Gemüse mit Salz und Pfeffer abschmecken.

7. Die Krautstiele in eine gut ausgebutterte Gratinform verteilen. Mit einem grossen Löffel vier Mulden hineindrücken und je ein Ei hineinschlagen. Salzen und pfeffern. Den Käse

Kalte Rüebli-Avocado-Suppe

Für 4–6 Personen

400 g Rüebli
6 dl Gemüsebouillon
1 Zweig Stangensellerie
1 Esslöffel Essig
1 Teelöffel Zitronensaft
Salz, Pfeffer aus der Mühle
1 dl Rahm
1 vollreife Avocado
1 Bund frische Petersilie

1. Die Rüebli waschen, schälen und in Scheiben schneiden.
2. Mit der Bouillon und dem Stangenselleriezweig in eine grosse Pfanne geben, aufkochen und auf kleinem Feuer so lange weiterkochen, bis die Rüebli gut weich sind.
3. Dann den Selleriestengel entfernen. Die Rüebli mitsamt der Kochflüssigkeit im Mixer oder mit dem Mixerstab des Handrührgerätes fein pürieren.
4. Die Suppe mit dem Essig, dem Zitronensaft, Salz sowie Pfeffer würzen. Vor dem Servieren mindestens zwei Stunden in den Kühlschrank stellen.
5. Unmittelbar vor dem Servieren den flaumig geschlagenen Rahm unter die Suppe ziehen.
6. Die Avocado schälen, den Stein entfernen und das Fruchtfleisch in kleine Würfel schneiden.
7. Die Basilikumblätter in feinste Streifen schneiden und zusammen mit den Avocadowürfelchen unter die kalte Suppe mischen. Sofort servieren.

Die Menü-Idee

Eine kleine, leichte Mahlzeit wird aus dieser kalten Suppe, wenn man neben Brot und Butter vielleicht noch etwas Käse oder Aufschnitt serviert.

79

Poulet aus dem Sud mit Gemüse an Vinaigrette

Für 4 Personen

2 kleine Poulets
1 Rüebli
1 Lauchstengel
1 kleines Stück Sellerie
1 Zwiebel
1 Lorbeerblatt
2 Nelken
Salz, Pfeffer aus der Mühle
Gemüsegarnitur:
1 kg gemischtes Gemüse
(z. B. Rüebli, Kohlrabi,
Blumenkohl, Wirz, Zucchetti,
Sellerie, Lauch usw.)
Vinaigrette:
1 Teelöffel Senf
knapp ½ Teelöffel Salz
reichlich Pfeffer aus der
Mühle

3 Esslöffel Weinessig
4 Esslöffel Öl
1 Schalotte oder kleine
Zwiebel
1 Essiggurke
1 hartgekochtes Ei
nach Belieben 1 mittlere
Tomate
3 Esslöffel feingehackte
gemischte Kräuter (z. B.
Petersilie, Schnittlauch,
Kerbel, Dill, Basilikum usw.)

1. Die Poulets innen und aussen unter fliessendem kaltem Wasser abspülen und mit etwas Haushaltspapier trocknen.
2. Das Rüebli, den Lauch und den Sellerie waschen, rüsten und in Stücke schneiden.
3. Die Zwiebel ungeschält halbieren und mit der Schnittfläche auf einer heissen, mit Alufolie belegten Herdplatte anrösten, bis sie braun wird und gut riecht.

4. Die Zwiebel mit dem Lorbeerblatt und den Nelken bestecken und zusammen mit dem Gemüse sowie ca. 2 Liter Wasser in eine grosse Pfanne geben. Aufkochen, die Poulets hineingeben und wenn nötig so viel Wasser zugeben, dass alles gut bedeckt ist. Erst jetzt salzen und pfeffern. Auf kleinem Feuer unmittelbar vor dem Siedepunkt während ca. 50 Minuten ziehen lassen.
5. In der Zwischenzeit die übrigen Gemüse rüsten und in nicht zu kleine Stücke schneiden. Je nach Gemüsesorte nach 20–25 Minuten Kochzeit beifügen und nur knapp weich werden lassen. Zucchetti ganz belassen und so mitkochen, sie zerfallen dabei weniger.

6. Für die Sauce den Senf, das Salz und den Pfeffer mit dem Essig gut verrühren, dann das Öl zugeben und zu einer sämigen Sauce rühren.
7. Die Schalotte, die Essiggurke und das geschälte hartgekochte Ei fein hacken. Nach Belieben eine Tomate schälen, halbieren, entkernen und das Fleisch in Würfelchen schneiden.
8. Alle vorbereiteten Zutaten mit den gehackten Kräutern sorgfältig unter die Sauce mischen und vor dem Servieren mindestens ¼ Stunde ziehen lassen.
9. Die Poulets aus dem Sud nehmen, häuten und in Stücke schneiden. Auf einer Platte anrichten. Die warmen, knapp weichgekochten Gemüse gut abtropfen lassen und um das Poulet herum verteilen. Die Vinaigrette separat dazu servieren.

Tip

Als »Nebenprodukt« erhält man eine feine Hühnerbouillon, die man, mit einer Einlage, wie z. B. Flädli oder Eierstich, als Vorspeise servieren oder als Basis für ein Saucengericht sowie zum Dünsten von Gemüse verwenden kann.

Die Menü-Idee

Zur Vorspeise:
Hühnerbouillon mit Eierstich
Zum Dessert: Beeren-Crêpes
mit Kirsch-Sabayon S. 88

Gefüllte Peperoni mit Hackfleisch

Für 4 Personen

4 grosse, verschiedenfarbige
Peperoni
<u>Fleischsauce:</u>
2 Zweige Stangensellerie
1 grosses Rüebli
1 mittlere Zwiebel
1 Knoblauchzehe
25 g Butter
3 Esslöffel Olivenöl
600 g gehacktes Rindfleisch
½ dl Rotwein
1 Dose Pelati-Tomaten (400 g)
oder 500 g Fleischtomaten
1 kleines Döschen
Tomatenpüree
1 Bund Petersilie
1 Teelöffel Oregano
1 Gemüsebouillon-Würfel
Salz, schwarzer Pfeffer
<u>Zum Überbacken:</u>
1½ dl Bouillon
4 Esslöffel geriebener Sbrinz

1. Die Peperoni halbieren, entkernen und unter fliessendem Wasser spülen. In reichlich kochendem Salzwasser 7 Minuten blanchieren. Abschütten und gut abtropfen lassen.

2. Für die Sauce den Stangensellerie und das geschälte Rüebli in kleinste Würfelchen schneiden. Die Zwiebel und die Knoblauchzehe fein hakken.

3. Die Butter und das Olivenöl in einer grossen Pfanne erhitzen und die Gemüsewürfelchen sowie die Zwiebel-Knoblauch-Mischung anziehen.

4. Die Hitze höher stellen, das Hackfleisch beifügen und so lange braten, bis es seine rote Farbe verloren hat.

5. Mit dem Rotwein ablöschen und diesen einen Moment einkochen lassen.

6. Die Pelati-Tomaten mitsamt Saft oder die geschälten und in Würfel geschnittenen Tomaten sowie das Tomaten-

püree, die Petersilie, den Oregano und den Bouillonwürfel beifügen. Alles auf kleinem Feuer mindestens 30 Minuten kochen lassen. Mit Salz und Pfeffer abschmecken.

7. Die Peperonihälften mit der Fleischsauce füllen und in eine grosse ausgebutterte Gratinform geben. Die Bouillon um die Peperoni herumgiessen. Diese mit dem Käse bestreuen.

8. Die Peperoni im auf 200 Grad vorgeheizten Ofen auf der untersten Rille während ca. 25 Minuten backen.

Kalbsvoressentopf mit Erbsen

Für 4 Personen

1 Zwiebel
1 Rüebli
1 Zweig Stangensellerie
750 g mageres Kalbsvoressen
Salz, Pfeffer aus der Mühle
30 g Butter
3 Esslöffel Olivenöl
2 dl Weisswein
1 Bund Petersilie
1 Rosmarinzweig
12 kleine neue oder Raclette-Kartoffeln
750 g Erbsen in der Schote oder ca. 250 g tiefgekühlte Erbsen
ca. 1 dl Bouillon
2 Eigelb
Saft von ½ Zitrone

1. Die Zwiebel schälen und fein hacken.

2. Das Rüebli schälen, den Stangensellerie waschen und beide Gemüse fein würfeln.

3. Das Kalbsvoressen unmittelbar vor der Zubereitung mit Salz und Pfeffer würzen. Die Butter und das Olivenöl in einem Bratgeschirr erhitzen und das Fleisch in zwei bis drei Portionen anbraten. Herausnehmen.

4. Die Zwiebel und das Gemüse im Bratensatz andünsten.

5. Das Fleisch wieder beifügen und mit dem Weisswein ablöschen. Die gehackte Petersilie und den Rosmarinzweig dazugeben. Alles zugedeckt eine halbe Stunde schmoren lassen.

6. In der Zwischenzeit die Kartoffeln unter fliessendem Wasser gründlich waschen, jedoch nicht schälen.

7. Die Erbsen aus der Schote lösen.

8. Die Kartoffeln sowie die Bouillon nach einer halben Stunde Kochzeit beifügen und alles weitere 30 Minuten schmoren lassen.

9. Jetzt die Erbsen beifügen. Wenn nötig etwas Bouillon nachgiessen. Weitere 15 Minuten beziehungsweise so lange weiterschmoren lassen, bis die Erbsen weich sind.

10. Unmittelbar vor dem Servieren die Eigelb mit dem Zitronensaft verrühren und zum Kalbsvoressen geben. Nicht mehr kochen, sonst gerinnt das Eigelb. Mit Salz und Pfeffer abschmecken und sofort servieren.

Die Menü-Idee
Zur Vorspeise: Spargelsüppchen
Zum Dessert: Johannisbeer-Crêpes mit Kirsch-Sabayon S. 88

Provenzalischer Rindfleischtopf

Für 4 Personen

4 mittlere Auberginen
1 Esslöffel frischer Oregano
oder 2 Teelöffel getrockneter
Oregano
1 Bund Petersilie
2 Knoblauchzehen
Salz, schwarzer Pfeffer aus
der Mühle
4 Tomaten
Olivenöl zum Braten
400 g Rindshuft, in ganz
dünne Scheiben geschnitten

1. Den Stielansatz der Auberginen wegschneiden. Dann die Früchte der Länge nach so in Scheiben schneiden, dass sie an ihrem Ende noch zusammenhalten.

2. Den Oregano, die Petersilie und die Knoblauchzehen fein hacken. Zwischen die einzelnen Auberginenscheiben streichen; am besten geht dies mit einem Messer. Die Scheiben auch salzen und pfeffern.

3. Die Tomaten in Scheiben schneiden und zwischen die Auberginenscheiben stecken.

4. Den Boden einer grossen Pfanne mit Olivenöl bedecken. Die gefüllten Auberginen hineinlegen, leicht anbraten, dann zugedeckt im eigenen Saft während 30 Minuten schmoren lassen.

5. Werden die Fleischscheiben in der Bratpfanne zubereitet, unmittelbar vor der Zubereitung salzen und pfeffern und in reichlich Olivenöl ganz kurz (ca. 15–20 Sekunden) auf beiden Seiten braten. Für die Grillzubereitung pinselt man die Fleischscheiben mit etwas Olivenöl ein, welches man zuvor mit Salz und Pfeffer gewürzt hat.

6. Das gebratene Fleisch um die Auberginen herum anrichten und sofort servieren.

Tip

Im Sommer kann das Auberginengemüse auch kalt zum warmen Fleisch serviert werden – sehr erfrischend!

Die Menü-Idee

*Zur Vorspeise: Gesulzte Roquefort-Eier S. 19
Als Beilage zum Hauptgericht: Pariserbrot oder Baked Potatoes
Zum Dessert: Frische Beeren mit Rahm*

Pizza Margherita
Für 4 Personen

Pizza-Teig:
500 g Weissmehl
½ Teelöffel Salz
30 g Hefe
3–3½ dl lauwarmes Wasser
3 Esslöffel Olivenöl
Tomaten-Belag:
1 Zwiebel
2 Esslöffel Olivenöl
2 Dosen Pelati (geschälte Tomaten), ca. 800 g
Salz, schwarzer Pfeffer aus der Mühle

300 g Mozzarella
eine Handvoll frische Basilikumblätter
Olivenöl zum Beträufeln

1. Das Mehl und das Salz in einer Schüssel mischen. Die Hefe mit einem Teil des lauwarmen Wassers anrühren und zum Mehl geben. Das restliche Wasser sowie das Olivenöl ebenfalls beifügen und alles zu einem glänzenden Teig kneten; er soll nicht zu trocken sein. Zugedeckt an einem warmen Ort ca. ½ Stunde gehen lassen.

2. Inzwischen die Tomatensauce zubereiten: Die Zwiebel fein hacken und im heissen Öl andünsten. Die Tomaten mitsamt Saft beigeben und mit Salz und Pfeffer würzen. Auf kleinem Feuer zu einem dicken Püree einkochen lassen.

3. Den Teig in vier Portionen teilen und jedes Stück ca. ½ cm dick rund auswallen. Auf ein Backblech legen.

4. Die Tomatensauce auf den Teigfladen verteilen, dabei einen knapp 1 cm breiten Rand aussparen, damit er sich während des Backens erhöhen kann und die Füllung nicht ausläuft.

5. Den Mozzarella in dünne Scheiben schneiden und auf die Teigfladen geben.

6. Die Basilikumblätter darauf verteilen und die Pizzas mit Olivenöl beträufeln. Nach Belieben den Mozzarella leicht salzen.

7. Die Pizzas im auf 240 Grad vorgeheizten Ofen während ca. 15–20 Minuten auf der untersten Rille backen. Möglichst heiss servieren.

Pizza-Varianten
Es gibt unzählige Möglichkeiten, um eine Pizza zu belegen. Hier einige der bekanntesten Varianten:

Pizza napoletana: Sie ist die klassische Pizza und wird nur mit Tomaten, Oregano und einigen in dünne Scheibchen geschnittenen Knoblauchzehen belegt. Zuletzt mit reichlich Olivenöl beträufeln und schwarzen Pfeffer darüberstreuen.

Pizza marinara: Mit Tomaten, reichlich Knoblauch sowie zerkleinerten Sardellenfilets (Anchovis) belegen und mit Olivenöl beträufeln. In Italien nimmt man sich die Mühe, die Sardellenfilets zuerst zu waschen, damit sie nicht mehr zu salzig sind.

Pizza »Quattro stagioni« (Vier Jahreszeiten): Die »Jahreszeiten« werden durch die in Viertel aufgeteilte Pizza verkörpert. Variationen gibt es auch hier viele: Zu den klassischen Aufteilungen gehört, dass ein Viertel mit Artischokken, ein Viertel mit Schinkenstreifen, ein Viertel mit Champignons und ein Viertel mit Kapern belegt wird. Meistens wird zuvor der Teigboden mit Tomaten und Mozzarella belegt.

Pizza con funghi: Pro Pizza 80 g Mischpilze (z. B. Steinpilze und Champignons) mit 1 Knoblauchzehe in etwas Olivenöl andünsten. Mit 1 Esslöffel Petersilie, wenig Salz und reichlich Pfeffer würzen und die Pilze auf dem Teigboden verteilen.

Pizza gorgonzola: Den Teigboden mit dünnen Gorgonzolascheiben bedecken, mit hauchdünnen Knoblauchscheiben belegen und mit Olivenöl beträufeln.

Pizza frutti di mare: Den Teigboden mit Tomaten, gewässerten Sardellenfilets, ausgelösten Vongole und Scampis belegen.

Pizza melanzane: Pro Pizza ½ kleine Aubergine in Scheiben schneiden, salzen und während ca. ½ Stunde Wasser ziehen lassen. Die Auberginenscheiben trocken tupfen und in reichlich Olivenöl goldbraun braten. Auf dem Pizzaboden Tomatensauce verteilen, die Auberginen sowie in Scheiben geschnittenen Mozzarella darübergeben und mit Oregano, Pfeffer und Olivenöl würzen. Nach Belieben verwendet man noch Knoblauch.

Pizza ai due formaggi: Den Teigboden mit zarten, in dünne Ringe geschnittenen Lauchteilen (nur Weisses und Gelbes verwenden), Ricotta (ersatzweise gut abgetropfter Speisequark) und Gorgonzola belegen. Mit reichlich Pfeffer und Olivenöl würzen.

Pizza aglio e olio: Diese »Urpizza« wird vor dem Backen nur mit reichlich Knoblauch bestreut und Olivenöl beträufelt. Nach dem Backen schwarzen Pfeffer darübermahlen.

Provenzalischer Kartoffel-Gemüse-Gratin

Für 4–6 Personen

2 grüne Peperoni
2 mittlere Auberginen
2 Zwiebeln
2–3 Esslöffel Olivenöl
2 Knoblauchzehen
reichlich frischer Thymian und Salbei
Salz, Pfeffer aus der Mühle
600 g Kartoffeln
600 g Zucchetti
600 g fleischige Tomaten
Olivenöl zum Beträufeln
50 g geriebener Parmesan

1. Die Peperoni halbieren, entkernen und in dünne Streifen schneiden. Die Auberginen ungeschält in dünne Scheiben schneiden. Die Zwiebeln schälen und in dünne Ringe schneiden.

2. Das Olivenöl erhitzen und die vorbereiteten Gemüse andünsten. Den Knoblauch dazupressen und mit reichlich Thymian, etwas Salbei, Salz und Pfeffer würzen und auf kleinem Feuer zugedeckt 10–15 Minuten weich dünsten. Ab und zu umrühren, damit das Gemüse nicht anbrennt. In eine gut ausgebutterte Gratinform geben.

3. Die Kartoffeln schälen und in ca. 3 mm dicke Scheiben schneiden. Kurz in reichlich kochendem Salzwasser blanchieren. Herausnehmen und abtropfen lassen.

4. Die Zucchetti und die Tomaten in ca. 5 mm dicke Scheiben schneiden. Zusammen mit den Kartoffelscheiben abwechselnd ziegelartig auf das gedünstete Gemüse legen. Mit Thymian, Salbei, Salz und Pfeffer würzen und mit 2–3 Esslöffeln Olivenöl beträufeln.

5. Den Gratin im auf 180 Grad vorgeheizten Ofen während ca. 30 Minuten backen. Dann herausnehmen, den Parmesan darüberstreuen und vor allem die Kartoffelscheiben nochmals mit Olivenöl beträufeln. Die Hitze auf 220 Grad stellen und den Gratin weitere 15 Minuten backen.

Griesspudding
Für 4–6 Personen

1 Zitrone
75 g Rosinen
1,2 l Milch
1 Prise Salz
200 g Griess
50 g Zucker
30 g Butter
Zum Servieren:
2 Esslöffel Mandelblättchen
Himbeersirup

1. Die Zitronenschale dünn abreiben (nur das Gelbe!) und zur weiteren Verwendung beiseite stellen. Den Saft der Zitrone auspressen, mit den Rosinen mischen und minde-stens eine halbe Stunde ruhen lassen.

2. Die Milch mit dem Salz aufkochen. Unter Rühren langsam den Griess einlaufen lassen. Auf kleinstem Feuer unter häufigem Rühren 12–15 Minuten ausquellen lassen.

3. Die Pfanne mit dem Griess vom Feuer nehmen, den Zucker, die Butter und die abgeriebene Zitronenschale untermischen. Die Rosinen gut abtropfen lassen und beifügen.

4. Eine Puddingform oder Portionenförmchen mit kaltem Wasser ausspülen und den Griessbrei einfüllen. Glattstreichen und auskühlen lassen.

5. Vor dem Servieren die Mandelblättchen in einer trockenen Pfanne ohne Fettzugabe hellbraun rösten.

6. Zum Stürzen den Rand des Griesspuddings mit den Fingern leicht lösen. Dann den Pudding auf eine Platte stürzen. Mit Himbeersirup übergiessen und mit Mandelblättchen bestreuen.

Tip
Früher servierte man zum Griesspudding hausgemachten Himbeersirup, der nicht ganz so süss und vor allem fruchtiger ist als der gekaufte. Verwendet man solchen, so empfiehlt es sich, den Sirup mit etwas frisch gepresstem Zitronensaft zu mischen. Auch eine Fruchtsauce passt zum Griesspudding. Anstelle von Rosinen kann man feingehackte Aprikosen in den Pudding geben.

Brombeer-Eiscake
Für 8 Personen

50 g Makrönli
2 Esslöffel Kirsch
750 g Brombeeren
100 g Zucker
1 Esslöffel Zitronensaft
4 dl Rahm
4 Meringuesschalen

1. Die Makrönli zerbröckeln, mit dem Kirsch beträufeln und etwas ziehen lassen.

2. Die Brombeeren erlesen. Mit dem Zucker im Mixer fein pürieren; der Zucker muss sich dabei vollständig auflösen.

3. Die Eigelb mit dem Zucker und dem Zitronensaft zu einer hellen, dicklichen Creme aufschlagen.

4. Den Rahm ebenfalls steif schlagen. 1 dl Rahm mit den Makrönli mischen. Den Rest mit dem Brombeerpüree und der Eicreme mischen.

5. Die Hälfte der Brombeercreme in eine Teflon-Cakeform geben. Zwei Meringuesschalen zerbröseln und über die Creme streuen. Die Makrönli-Rahm-Masse darüber verteilen und die restlichen zwei Meringuesschalen ebenfalls zerbröseln und darüberstreuen. Mit der restlichen Brombeercreme abschliessen.

6. Den Eiscake im Tiefkühler während mindestens drei Stunden gefrieren lassen. Zum Servieren den Cake in der Form kurz in heisses Wasser tauchen, sofort stürzen und nach Belieben mit einigen Brombeeren und Schlagrahm ausgarnieren.

Tip
Zum Gefrieren unbedingt eine Cakeform aus Teflon oder rostfreiem Weissblech verwenden, sonst nimmt der Eiscake einen Metallgeschmack an.

Johannisbeer-Crêpes mit Kirsch-Sabayon

Für 6–8 Personen

Crêpes:
100 g Mehl
1 Esslöffel Zucker
1 Prise Salz
2 dl Milchwasser (halb Milch/ halb Wasser)
2 Eier
20 g Butter
Füllung:
400 g Johannisbeeren, abgestrupft gewogen
120 g Zucker
4 Esslöffel Weisswein

Kirsch-Sabayon:
1 Ei
2 Eigelb
30 g Puderzucker
½ Vanillestengel
½ dl Kirsch
½ dl Weisswein
1 dl Doppelrahm

1. Zuerst den Crêpes-Teig zubereiten: Das Mehl in eine Schüssel sieben, mit dem Zukker und dem Salz mischen und unter Rühren mit dem Schwingbesen das Milchwasser beifügen. Glatt rühren. Dann die Eier dazugeben. Die Butter in einem Pfännchen schmelzen und unter den Teig rühren. Diesen ca. 30 Minuten ausquellen lassen.

2. Aus dem Teig in einer beschichteten Pfanne (evtl. ganz wenig Butter beifügen) kleine Crêpes backen und diese mit Folie bedeckt warm stellen.

3. Für die Füllung die Johannisbeeren mit dem Zucker und dem Weisswein aufkochen. Sofort vom Herd ziehen, denn die Beeren dürfen nicht platzen.

4. Für das Sabayon das Ei, die Eigelb, den Puderzucker und die herausgekratzten Samen des Vanillestengels mit dem Kirsch und dem Weisswein in einer Schüssel über einem heissen Wasserbad zu einer hellen, dicklichen Creme aufschlagen. Wichtig: Die Masse darf nicht zu heiss werden, sonst gerinnen die Eier. Zuletzt den Doppelrahm sorgfältig unter das Sabayon rühren.

5. Die warmen Crêpes mit den heissen Beeren füllen, falten, auf Teller verteilen und das Sabayon darübergeben. Nach Belieben mit einigen Beeren ausgarnieren und sofort servieren.

Basilikumsorbet
Für 4 Personen

2 dl kohlensäurehaltiges
Mineralwasser
2 dl Weisswein
125 g Zucker
Saft von 1 Limette oder
1 grossen Zitrone
2 Eiweiss
½ Bund Basilikum

1. Das Mineralwasser, den
Weisswein und den Zucker
aufkochen und so lange auf
grossem Feuer einkochen lassen, bis nur noch 3 dl Flüssigkeit vorhanden sind. Vollständig auskühlen lassen.
2. Den Zitronensaft beifügen.
3. Die Eiweiss sehr steif
schlagen und sorgfältig unter
die vollständig erkaltete Flüssigkeit mischen. In eine Glace-
maschine füllen und während
2–3 Stunden gefrieren lassen.
4. Vor dem Servieren das Basilikum sehr fein schneiden
und unter die nicht zu stark
gefrorene Sorbetmasse ziehen. In vorgekühlten Gläsern
servieren.

Die Menü-Idee
Das Sorbet kann in einem
mehrteiligen Menü auch
Zwischengang vor dem
Hauptgericht sein.

89

Herbst

Der Markt im September, Oktober und
November ist so etwas wie eine
sommerliche Spätlese: Noch gibt es
fast alles, wenn auch nicht mehr in so
üppigen Mengen, aber in den Gemüsen
und Früchten widerspiegeln
sich die Farben des Herbstes,
und der Beginn der kühleren Tage
weckt auch das Bedürfnis nach
etwas Währschafterem für den
Magen – ganz im Gegensatz
zum Sommer, als Leichtes
Trumpf war.

Rezept Seite 93

Herbst-Marktnotizen

Gemüse

	September		Oktober

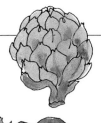

Was in Hülle und Fülle zu finden ist

Aus Inlandernte:
Artischocken, Auberginen, Blumenkohl, Bodenkohlrabi, Bohnen, Broccoli, Brunnenkresse, Catalogna, Champignons, Chinakohl, Cicorino rosso, Cima di rapa, Einlegegurken, Eisbergsalat, Endivie, Fenchel, Gartenkresse, Gemüsezwiebeln, Gurken, Karotten, Kartoffeln, Knoblauch, Knollensellerie, Kohlrabi, Kopfsalat, Krautstiele, Kürbis, Lattich, Lattughino, Lauch grün, Neuseeländer Spinat, Peperoni, Patisson, Radieschen, Randen, Rettiche, Rondini, Rotkabis, Rüben, Schalotten, Schnittmangold, Schnittsalat, Stangensellerie, Suppensellerie, Tomaten, Weisskabis, Wirz, Zucchetti, Zuckermais.

Aus Inlandernte:
Artischocken, Blumenkohl, Bodenkohlrabi, Broccoli, Brunnenkresse, Catalogna, Champignons, Chinakohl, Cicorino rosso, Cima di rapa, Eisbergsalat, Endivie, Fenchel, Gartenkresse, Gemüsezwiebeln, Gurken, Karotten, Kartoffeln, Knoblauch, Knollensellerie, Kohlrabi, Kopfsalat, Krautstiele, Kürbis, Lattich, Lattughino, Lauch grün, Lauch gebleicht, Nüsslisalat, Pak-Choi, Patisson, Randen, Rettiche, Rosenkohl, Rotkabis, Rüben, Schalotten, Schnittmangold, Schnittsalat, Schwarzwurzeln, Spinat, Stangensellerie, Suppensellerie, Weisskabis, Wirz, Zucchetti, Zuckerhut, Zuckermais.

Import:
Chicorée.

Im Kommen

Aus Inlandernte:
Lauch gebleicht, Pak-Choi, Rosenkohl, Schwarzwurzeln, Stachys, Zuckerhut.

Aus Inlandernte:
Marroni, Pastinaken, Portulak, Stachys, Topinambur.

Im Auslaufen

Auberginen, Bohnen, Einlegegurken, Neuseeländer Spinat, Peperoni, Rondini, Tomaten, Zucchetti.

Früchte

Was in Hülle und Fülle zu finden ist

Äpfel, Avocados, Bananen, Birnen, Brombeeren, Feigen, Grapefruits, Heidelbeeren, Trauben, Zwetschgen.

Äpfel, Avocados, Bananen, Birnen, Feigen, Grapefruits, Holunder, Kiwis, Nüsse, Quitten, Trauben.

Im Kommen

Quitten.

Kakis.

Im Auslaufen

Nektarinen, Pflaumen, Pfirsiche.

Melonen, Zwetschgen.

November

Aus Inlandernte:
Bodenkohlrabi, Brunnenkresse, Chicorée, Champignons, Chinakohl, Cicorino rosso, Endivie, Fenchel, Gartenkresse, Kardy, Karotten, Kartoffeln, Knollensellerie, Kohlrabi, Kopfsalat, Krautstiele, Kürbis, Lattich, Lauch grün, Lauch gebleicht, Nüsslisalat, Pak-Choi, Pastinaken, Portulak, Randen, Rettiche, Rosenkohl, Rotkabis, Rüben, Schalotten, Schnittsalat, Schwarzwurzeln, Spinat, Stachys, Stangensellerie, Suppensellerie, Topinambur, Weisskabis, Wirz, Zuckerhut, Zwiebeln.

Import:
Artischocken, Auberginen, Bohnen, Marroni, Peperoni, Tomaten, Zucchetti.

Aus Inlandernte:
Federkohl.

Blumenkohl, Broccoli, Cima di rapa, Eisbergsalat, Gemüsezwiebeln, Lattughino, Patisson, Radieschen, Schnittmangold, Zuckermais.

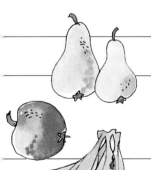

Äpfel, Avocados, Bananen, Birnen, Clementinen, Grapefruits, Kakis, Kiwis, Mangos, Nüsse, Quitten, Trauben.

Orangen.

Feigen.

Speckäpfel nach Grossmutter Art

Für 4 Personen
4 grosse, säuerliche Äpfel
100 g Speckwürfelchen
1 Esslöffel Butter
2 grosse Zwiebeln
1 dl Weisswein oder
Apfelwein

1. Die Äpfel waschen, jedoch nicht schälen. Die Kerngehäuse sorgfältig ausstechen. Mit einem Apfelausstecher zusätzlich etwas Fruchtfleisch aushöhlen, damit mehr Füllung Platz hat.
2. Die Speckwürfelchen in der warmen Butter langsam knusprig auslassen. Herausnehmen.
3. Die Zwiebel schälen und grob hacken. Im Speckfett golden werden lassen. Mit dem Speck mischen.
4. Die Speck-Zwiebel-Mischung in die Äpfel füllen. Diese in eine ausgebutterte Gratinform stellen und mit dem Wein umgiessen.
5. Die Äpfel im auf 180 Grad vorgeheizten Ofen auf der untersten Rille während ca. 30 Minuten schmoren lassen. Die Äpfel sollen schön mürbe sein. Von Zeit zu Zeit mit etwas Garflüssigkeit übergiessen, damit sie nicht austrocknen.

Die Menü-Idee
Diese gefüllten Äpfel sind eine originelle Beilage zu allen geräucherten Schweinefleischspezialitäten wie Rippli oder Schüfeli, passen aber auch gut zu Wild. Zu Grossmutters Zeiten waren die Speckäpfel zusammen mit Rotkraut serviert sogar eine eigenständige Mahlzeit.

Kaninchenragout im Speckmantel

Für 4 Personen

ca. 1 kg Kaninchenragout
Salz, schwarzer Pfeffer
ca. 125 g Rohessspeck (pro
Kaninchenstück 2 Scheiben)
1 grosser Zweig frischer
Rosmarin
10–12 frische Salbeiblätter
300 g kleine
Saucenzwiebelchen
2 Esslöffel Butter
2 Esslöffel Olivenöl
3 dl Weisswein
ca. 1½ dl Hühnerbouillon
1 Bund Petersilie

1. Das Fleisch mit Salz und Pfeffer einreiben. Dann jedes Ragoutstück mit je einer Speckscheibe quer und einer Speckscheibe längs umwikkeln. Darauf ein kleines Stückchen Rosmarinzweig sowie ein Salbeiblatt legen. Alles mit Haushaltschnur binden (siehe auch Rezeptbild).

2. Die Zwiebelchen kurz in kochendes Wasser geben. Abschütten und kalt abschrekken. Auf diese Weise lassen sich die Zwiebelchen mühelos aus der braunen Haut drücken.

3. In einem grossen Bratgeschirr die Butter und das Olivenöl erhitzen und die Fleischpäckchen in zwei oder drei Portionen sorgfältig anbraten. Herausnehmen.

4. Die Perlzwiebelchen kurz im Bratensatz anziehen.

5. Mit dem Weisswein ablöschen.

6. Die Kaninchenstücke wieder hineinlegen. Alles auf kleinem Feuer sanft schmoren lassen. Von Zeit zu Zeit die Flüssigkeit kontrollieren; wenn sie mehr als ein Drittel eingekocht ist, mit Bouillon ergänzen. Die Kaninchenstücke müssen ungefähr 1 Stunde leise schmoren.

7. Die Petersilie fein hacken und unmittelbar vor dem Servieren über das Gericht streuen.

Die Menü-Idee

Als Vorspeise: Zucchetti auf italienische Art, als Salat zubereitet S. 53
Beilage zum Hauptgericht: Pilz-Risotto
Zum Dessert: Zwetschgen-Charlotte S. 129

Tip
Unbedingt den geschmacklich feineren Rohessspeck und nicht den währschaften Bratspeck verwenden.

94

Raclette-Ramequin

Für 4 Personen

1 kleines Parisette
2 Fleischtomaten
400 g Raclettekäse
75 g Rohschinken
<u>Guss:</u>
3 dl Milch
2 dl Rahm
5 Eier
Salz, Pfeffer, Muskat

1. Das Brot, die Tomaten und den Raclettekäse in Scheiben schneiden. Den Rohschinken je nach Grösse der Tranchen halbieren oder vierteln.

2. Eine Gratinform grosszügig ausbuttern und abwechslungsweise Brot, Tomaten, Käse und Rohschinken einschichten.

3. Für den Guss die Milch, den Rahm und die Eier verquirlen. Mit Salz, Pfeffer und Muskat würzen. Über die Brotscheiben giessen.

4. Das Ramequin im auf 220 Grad vorgeheizten Ofen auf der untersten Rille während 25–30 Minuten goldbraun backen. Möglichst heiss servieren.

Rüebli-Sellerie-Cremesuppe mit Schinkenklösschen

Für 4 Personen

250 g Rüebli
200 g Knollensellerie
1 kleine halbe Zwiebel
60 g Butter
½ dl Weisswein
6 dl Geflügelfond oder
Wasser
Salz
2 dl Rahm
weisser Pfeffer, Muskatnuss
<u>Schinkenklösschen:</u>
40 g Butter
40 g frisches Rindermark
3 Eigelb
60 g gekochter Schinken
1 Schalotte
10 g Butter

1 Messerspitze
durchgepresster Knoblauch
50–60 g geriebenes
Weissbrot (ohne Rinde,
altbacken, aber nicht
vollkommen trocken)
1 Teelöffel gehackte Petersilie
Salz, weisser Pfeffer
Muskatnuss

1. Die Rüebli und den Sellerie
schälen und in Würfel schneiden. Die Zwiebel schälen und
fein hacken. Zusammen in
20 g Butter andünsten. Mit
dem Weisswein ablöschen.
Den Geflügelfond oder das
Wasser dazugiessen. Ein wenig salzen und das Gemüse
weichkochen.
2. Den Rahm dazugiessen,
noch einmal durchkochen, in
den Mixer geben oder mit
dem Mixstab pürieren. Durch
ein feines Sieb passieren. Die
Suppe wieder in den Topf zurückgeben. Die restlichen 40 g
Butter eiskalt und in kleinen
Stückchen darunterrühren.
Mit Salz, Pfeffer und Muskat
abschmecken.
3. Für die Schinkenklösschen
die zimmerwarme Butter mit
dem ebenfalls weichen Rindermark schaumig rühren.
Nach und nach die Eigelb einarbeiten.
4. Den Schinken und die
Schalotte fein hacken. In der
warmen Butter kurz dünsten.
Zuletzt den Knoblauch beifügen. Auskühlen lassen und mit
dem geriebenen Weissbrot
und der gehackten Petersilie
in die Butter-Mark-Masse rühren. Mit Salz, Pfeffer und Muskat abschmecken – beim Salzen daran denken, dass der
Schinken schon salzig ist!
5. Die Masse kalt stellen.
Dann zu kleinen Klösschen formen. Diese in Salzwasser
oder im Geflügelfond gar ziehen lassen.
6. Die Suppe in vorgewärmte
Teller anrichten und die abgetropften Klösschen hineingeben.

Schinkentorte mit Kräutern

Für 4–6 Personen

1 grosse Zwiebel
1 Bund glattblättrige Petersilie
1 Bund frisches Basilikum
1 Esslöffel frische
Rosmarinnadeln
2 Esslöffel Butter
1 Paket Kuchenteig (400 g)
400 g Schinken, in Scheiben
geschnitten
500 g Kalbsbrät
1 Eigelb zum Bestreichen

1. Die Zwiebel und alle Kräuter fein hacken.
2. Die Butter erhitzen, die Zwiebel beifügen und glasig werden lassen. Dann die Kräuter beifügen und kurz mitdünsten. Auskühlen lassen.
3. Dreiviertel des Kuchenteiges auswallen und eine mittlere Springform von ca. 24 cm Durchmesser damit auslegen. Dabei einen Rand von mindestens 6 cm hochziehen.
4. Den Schinken in Streifen schneiden.
5. Ein Drittel der Schinkenstreifen auf dem Teigboden verteilen. Die Hälfte der Brätmasse daraufstreichen und die Hälfte der Zwiebel-Kräuter-Masse darüberstreuen. Mit dem zweiten Drittel Schinkenstreifen decken. Das restliche

Brät darauf ausstreichen, mit der restlichen Zwiebel-Kräuter-Mischung bestreuen und mit den restlichen Schinkenstreifen abschliessen.
6. Den Teigrand etwa 2 cm breit über die Füllung legen.
7. Den restlichen Teig auswallen und in 2–3 cm breite Streifen schneiden. Damit den Rand umlegen und gitterartig über den Kuchen ziehen (siehe Rezeptbild). Alles mit Eigelb bepinseln.
8. Die Schinkentorte im auf 220 Grad vorgeheizten Ofen auf der untersten Rille während ca. 45 Minuten backen. Sie schmeckt sowohl warm wie kalt aufgeschnitten.

Tip

Brät löst sich problemlos vom Einwickelpapier, wenn man das Brätpaket zuvor kurz unter warmes Wasser hält.

Die Menü-Idee

Zur Vorspeise: Rüebli-Sellerie-Cremesuppe (jedoch ohne Schinkenklösschen zubereitet) S. 96
Beilage zum Hauptgericht: Gemischter Blattsalat
Zum Dessert: Birnengratin S. 127

Italienische Wurstkrapfen
Für 4–6 Personen

2 Knoblauchwürste
(z. B. Chorizo)
150 g Champignons
3 Zweige Stangensellerie
½ Peperoncino (scharfe,
kleine Pfefferschote)
1 mittlere Zwiebel
2–3 Knoblauchzehen
4 Esslöffel Olivenöl
1 dl Rotwein
1 kleines Döschen
Tomatenpüree
1 Esslöffel frische
Rosmarinnadeln
1 Bund Petersilie
Salz, schwarzer Pfeffer
1 Paket Kuchen- oder
Blätterteig (ca. 400 g)
1 Eigelb

1. Die Knoblauchwürste kurz in heisses Wasser tauchen und schälen. In dünne Scheiben schneiden.

2. Die Champignons waschen und vierteln. Den Stangensellerie in kleine Würfelchen schneiden oder grob hakken.

3. Den Peperoncino entkernen und in feinste Streifchen schneiden.

4. Die Zwiebel und die Knoblauchzehen schälen und fein hacken.

5. Das Olivenöl erhitzen und die Zwiebel sowie den Knoblauch darin andämpfen.

6. Dann die Champignons, den Stangensellerie, den Peperoncino und die Knoblauchwurst beifügen und kurz mitdünsten.

7. Mit dem Rotwein ablöschen. Das Tomatenpüree, die Rosmarinnadeln und die grob gehackte Petersilie beifügen. Mit Salz und Pfeffer abschmecken und alles auf kleinem Feuer während ca. 20 Minuten köcheln lassen. Gelegentlich umrühren, damit die Füllung nicht anbrennt. Dann auskühlen lassen.

8. Den Kuchen- oder Blätterteig auswallen und Rondellen von ca. 12 cm Durchmesser ausstechen. Auf die eine Hälfte der Teigstücke etwas Füllung geben, die Teigränder mit Wasser bepinseln, die andere Teighälfte über die Füllung schlagen und die Ränder mit einer Gabel gut andrücken.

9. Das Eigelb mit 1 Esslöffel Wasser oder Milch verquirlen und die Krapfen damit bepinseln. Auf ein Backblech legen und im auf 220 Grad vorgeheizten Ofen auf der untersten Rille während 15–20 Minuten goldbraun backen. Heiss servieren.

Die Menü-Idee
*Als Beilage passt:
Eingemachtes Peperoni-Gemüse S. 72 oder Zucchetti italienische Art, als Salat zubereitet S. 53*

Kalbsvoressen mit grünen Oliven

Für 4 Personen

2 kleine Rüebli
1 grosse Zwiebel
50 g Butter
1 Esslöffel Olivenöl
800 g mageres Kalbsvoressen
Salz, Pfeffer aus der Mühle
¼ Teelöffel Bohnenkraut
150 g entsteinte grüne Oliven
2 dl Weisswein

1. Die Rüebli schälen und in möglichst kleine Würfelchen schneiden. Die Zwiebel schälen und fein hacken.
2. Die Butter mit dem Olivenöl erhitzen und die Rüebliwürfelchen, die Zwiebel und die Fleischwürfel sorgfältig anbraten. Alles mit Salz, Pfeffer und Bohnenkraut würzen. Den Deckel auflegen und das Voressen auf kleinem Feuer unter regelmässigem Wenden 20 Minuten ohne Flüssigkeitszugabe schmoren lassen.
3. Inzwischen die grünen Oliven in kochendem Wasser 5 Minuten blanchieren. Gut abtropfen lassen.
4. Nach 20 Minuten Schmorzeit die Oliven und den Weisswein zugeben und alles auf kleinem Feuer weitere 1½ Stunden schmoren lassen. Von Zeit zu Zeit die Flüssigkeit kontrollieren und wenn nötig etwas Bouillon oder Weisswein nachgiessen. Das Voressen ist dann servierbereit, wenn es so weich ist, dass es beim Schneiden praktisch auseinanderfällt.

Die Menü-Idee
Zur Vorspeise: Gefüllte Artischockenböden Délice S. 14
Als Beilage: Safran-Risotto
Zum Dessert: Frische Feigen mit Vanillerahm S. 126

Kartoffel-Zucchetti-Küchlein

Für 4 Personen

250 g Kartoffeln
250 g Zucchetti
1 grosse Zwiebel
1 Bund Petersilie
50 g Maismehl
2 Esslöffel frisch geriebener
Parmesan
3 Eier
Salz, Pfeffer aus der Mühle
3 Esslöffel Butter
3 Esslöffel Olivenöl

1. Die Kartoffeln schälen. Die Zucchetti waschen, jedoch nicht schälen, sondern nur den Stielansatz entfernen. Beide Gemüse an der Röstiraffel reiben.

2. Die Zwiebel und die Petersilie fein hacken. Zusammen mit den Kartoffeln und den Zucchetti in eine Schüssel geben und mit dem Maismehl, dem Parmesan, den Eiern, Salz und Pfeffer mischen.

3. Die Hälfte der Butter und des Olivenöls in einer grossen Bratpfanne erhitzen. Aus der Masse kleine, flache Küchlein formen und auf kleinem Feuer langsam braten. Wenden, die restliche Butter und das Olivenöl beifügen und die Küchlein auf der zweiten Seite goldbraun braten. Die Gesamtzeit beträgt ca. 12–15 Minuten. Die Küchlein möglichst heiss servieren.

> **Tip**
> Maismehl ist im Reformhaus erhältlich und verleiht den Küchlein ein feines Aroma.

Hackfleischbällchen an Curry-Tomaten-Sauce

Für 4 Personen

600 g gehacktes Rind- oder
Lammfleisch
1 kleine Zwiebel
1 Peperoncino
1 Bund Petersilie
1 Ei
Salz
Sauce:
2 Peperoni
1 Zwiebel
2 Knoblauchzehen
3 Esslöffel Öl
2 Esslöffel Currypulver
1 grosse Dose Pelati-Tomaten
(800 g)
Salz

Öl zum Braten

1. Das Hackfleisch in eine Schüssel geben. Die Zwiebel schälen und an der Bircherraffel dazureiben.
2. Den Peperoncino der Länge nach halbieren, entkernen, unter kaltem Wasser spülen und fein hacken. Die Petersilie ebenfalls fein hacken. Beides zusammen mit dem Ei zum Fleisch geben und alles gut mischen. Mit Salz würzen. Den Fleischteig zugedeckt im Kühlschrank eine halbe Stunde ruhen lassen.

3. Inzwischen die Sauce zubereiten: Die Peperoni halbieren, entkernen, waschen und in Stücke schneiden.
4. Die Zwiebel und die Knoblauchzehen schälen, fein hacken und im Öl anziehen. Die Peperoni beifügen und kurz mitdünsten. Dann das Currypulver darüberstreuen und unter Rühren andünsten, damit es sein Aroma entfalten kann. Erst jetzt die Pelati-Tomaten mitsamt Saft beifügen. Leicht salzen.
5. Aus dem Fleischteig kleine Bällchen formen und diese portionenweise in heissem Öl rundum gut anbraten. Auf Haushaltspapier abtropfen lassen. Dann alle Fleischbällchen in die Sauce legen und auf kleinem Feuer noch etwa 5 Minuten köcheln lassen.

Tip

Auf gleiche Weise können auch wachsweich gekochte geschälte Eier zubereitet werden. Vor dem Servieren ebenfalls kurz in der Sauce ziehen lassen.
Currys mit der Bezeichnung »Madras« sind meistens schärfer als andere Sorten.

Gefüllte Kalbfleisch-vögel mit Pilzen

Für 4 Personen

400 g frische Champignons
1 mittlere Zwiebel oder
2 Schalotten
1 Knoblauchzehe
1 Bund Petersilie
2 Esslöffel Butter
Salz, Pfeffer aus der Mühle
8 grosse, möglichst dünn
geschnittene Kalbsplätzli
8 Scheiben Parma-
Rohschinken
16 Basilikumblätter
2–3 Esslöffel eingesottene
Butter
1 dl Noilly Prat (trockener
Vermouth)
2 dl Weisswein
2 dl Fleischbouillon
1 dl Rahm
102 Salz, Pfeffer aus der Mühle

1. Die Champignons wenn nötig waschen, gut abtropfen lassen und grob hacken.
2. Die Zwiebel oder Schalotten, die Knoblauchzehe und die Petersilie fein hacken.
3. Die Butter erwärmen und die Zwiebel-Kräuter-Mischung darin andämpfen. Die Champignons beifügen und 5 Minuten mitdünsten. Erst dann mit Salz und Pfeffer würzen. Ziehen die Pilze Wasser, dieses vollständig einkochen lassen. Die Pilzmasse leicht auskühlen lassen.
4. Die Kalbsplätzli auf dem Küchentisch ausbreiten und auf der einen Seite sparsam mit Salz und Pfeffer würzen. Umdrehen und mit je einer Scheibe Rohschinken belegen. Je zwei Basilikumblätter darauflegen. Dreiviertel der Pilzmasse auf den Kalbsplätzli

verteilen, diese aufrollen und mit Zahnstochern verschliessen oder mit Haushaltschnur binden.
5. Die Butter erhitzen und die Kalbfleischvögel portionenweise rundum anbraten. Herausnehmen und warm stellen.
6. Den Bratensatz mit dem Noilly Prat und dem Weisswein auflösen und diesen leicht einkochen lassen. Die Fleischvögel sowie den Rest der Pilzmasse beifügen und mit der Bouillon auffüllen. Zugedeckt 35–40 Minuten auf kleinem Feuer schmoren lassen.
7. Dann die Kalbfleischvögel herausnehmen, warm stellen und die Sauce auf grossem Feuer während gut 10 Minuten einkochen lassen. Mit dem Rahm verfeinern, mit Salz und Pfeffer würzen und

die Fleischvögel wieder in die Sauce legen. Nur noch gut heiss werden lassen, dann sofort servieren.

Die Menü-Idee

Zur Vorspeise: Überbackene Auberginen mit Tomaten und Käse S. 103
Als Beilage: Safran-Risotto oder hausgemachte Nudeln
Zum Dessert:
Kastanienparfait S. 130

Auberginen-Röllchen im Tomatenbett

Für 4 Personen

2 mittlere Auberginen
Füllung:
200 g Rohessspeck
2 Bund Petersilie
1 Bund Basilikum
4–5 Knoblauchzehen
Pfeffer aus der Mühle
Tomatensauce:
1 kg frische Tomaten
1 kleine Zwiebel
2 Esslöffel Olivenöl
Salz, Pfeffer aus der Mühle
Zum Überbacken:
4–5 Esslöffel hausgemachtes
Paniermehl
Olivenöl zum Beträufeln

1. Den Stielansatz der Auberginen entfernen und die Früchte der Länge nach in nicht zu dicke Scheiben schneiden. Die Anschnitte mit der Haut weglegen. Die übrigen Scheiben in siedendem Salzwasser 2 Minuten wallend kochen lassen. Abschütten und sehr gut abtropfen lassen.
2. Den Rohessspeck in dünne Streifen schneiden. Die Petersilie, das Basilikum und die Knoblauchzehen mit dem Wiegemesser hacken. Alles zusammen gut mischen und mit Pfeffer würzen.

Tip

Auberginen sind ein ideales Vorratsgemüse, bleiben sie doch im Gemüsefach des Kühlschranks acht bis zehn Tage frisch. Durch neue Züchtungen ist es gelungen, die Bitterstoffe der Auberginen auf ein Minimum zu reduzieren. Wer diesen Geschmack nicht liebt, der schneidet die Früchte in Hälften, Scheiben oder Würfel, bestreut diese mit etwas Salz und lässt sie eine halbe Stunde »weinen«, d. h. Wasser ziehen. Danach mit Haushaltspapier trockentupfen. Vorsicht mit der späteren Salzzugabe.

3. Für die Sauce die Tomaten kurz in kochendes Wasser tauchen, schälen und die Früchte in Würfel schneiden.
4. Die Zwiebel fein hacken und im warmen Olivenöl anziehen. Die Tomaten beifügen und alles auf kleinem Feuer 10 Minuten kochen lassen. Mit Salz und Pfeffer würzen. Eine Gratinform mit Öl auspinseln und die Tomatensauce auf dem Boden verteilen.
5. Jeweils zwei Auberginenscheiben überlappend hintereinanderlegen und mit etwas Speck-Kräuter-Masse belegen. Aufrollen und die Röllchen dicht nebeneinander in die Tomatensauce setzen. Alles mit dem Paniermehl bestreuen und die Röllchen mit Olivenöl beträufeln. Im auf 200 Grad vorgeheizten Ofen auf der untersten Rille während ca. 30 Minuten überbacken.

Fischtopf mit Gemüse

Für 4 Personen

1 Stengel Bleichlauch
1 grosse Zwiebel
2 Zweige Stangensellerie
1 grosser Fenchelknollen
1 Knoblauchzehe
3 Esslöffel Olivenöl
3 dl Weisswein
5 dl Wasser
2 dünn geschnittene
Scheiben Zitrone
1 Esslöffel gehackte Petersilie
Salz, weisser Pfeffer aus der
Mühle
4–6 Tranchen Seeforelle oder
Baudroie
Sauce Rouille:
2 Knoblauchzehen
2 Eigelb
1 Prise Safran
Salz, weisser Pfeffer
1 Stück Weissbrot
2 dl Oliven- oder
Sonnenblumenöl

1 kleine scharfe Pfefferschote
1–2 Esslöffel Fischsud

1. Den Lauch und die Zwiebel in dünne Ringe schneiden. Den Stangensellerie in kleine Stücke schneiden. Den Fenchel der Länge nach in 3–4 mm dicke Scheiben schneiden. Die Knoblauchzehe sehr fein hacken.
2. Das Olivenöl erhitzen und die Lauch- und Zwiebelringe darin andünsten.
3. Die übrigen Gemüse sowie den Knoblauch beifügen, kurz mitdünsten, dann mit dem Weisswein ablöschen und diesen leicht einkochen lassen.
4. Das Wasser, die Zitronenscheiben sowie die Petersilie dazugeben und den Sud mit Salz und Pfeffer würzen. Alles auf kleinem Feuer 15–20 Minuten kochen lassen.

5. Jetzt die Fischtranchen hineinlegen und je nach Dicke während 5–7 Minuten auf jeder Seite pochieren. Die Flüssigkeit soll dabei nicht kochen, sondern nur unmittelbar vor dem Siedepunkt ziehen, damit der Fisch nicht zerfällt.
6. Sofort im Topf auf den Tisch bringen. Serviert wird das Gericht am besten in Suppentellern.
7. Für die Sauce Rouille die Knoblauchzehen sehr fein hacken. In einer kleinen Schüssel mit den Eigelb, dem Safran, wenig Salz und Pfeffer mischen.
8. Vom Brot die Rinde abschneiden und das Weisse mit wenig Fischsud beträufeln. Fein zerpflücken und gut mit der Eimasse mischen; es soll eine Art Paste entstehen.

9. Unter Rühren das Öl zunächst tropfenweise, dann in einem dünnen Faden beifügen.
10. Die Pfefferschote entkernen und mit wenig Fischsud im Cutter oder mit dem Stabmixer fein pürieren (ersatzweise so fein wie nur irgendwie möglich hacken). Zur Sauce geben und diese mit Salz und Pfeffer abschmecken. Die Sauce Rouille separat zum Fischtopf servieren.

Die Menü-Idee

Zur Vorspeise: Morchel-Crêpes S. 116
Beilage: Pariserbrot
Zum Dessert: Vanillecreme mit Schneeball-Eiern S. 128

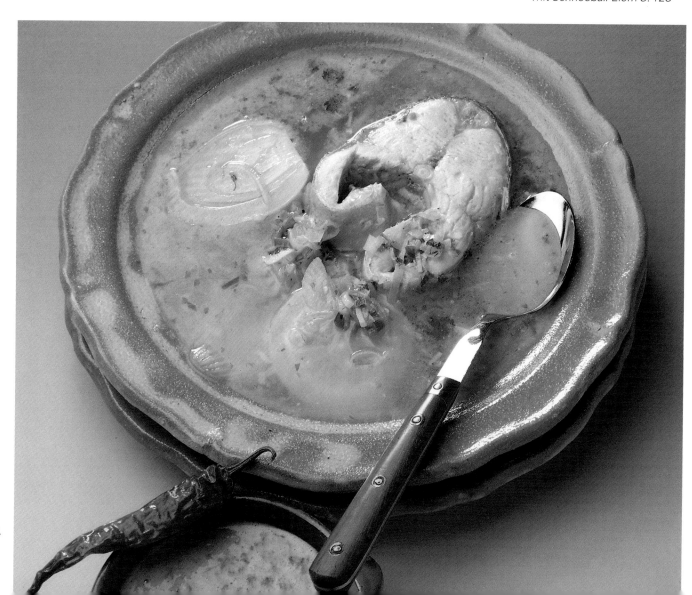

Überbackene Muscheln italienische Art
Für 4 Personen

2 kg möglichst grosse
Miesmuscheln
Sud:
1 Schalotte
3 dl Weisswein
6 weisse Pfefferkörner
1 Lorbeerblatt

2 Knoblauchzehen
1 Bund Petersilie
8 Esslöffel Paniermehl
8 Esslöffel Olivenöl
Salz, Pfeffer aus der Mühle

1. Die Muscheln unter fliessendem Wasser gründlich abbürsten und entbarten; beschädigte Exemplare aussortieren.
2. Die Schalotte fein hacken und mit dem Weisswein, den Pfefferkörnern und dem Lorbeerblatt in eine grosse Pfanne geben. Aufkochen.
3. Die Muscheln portionenweise so lange kochen, bis sie sich geöffnet haben. Mit einer Siebkelle herausnehmen. Muscheln, die beim Kochen geschlossen bleiben, aussortieren.

4. Den Sud absieben und zur weiteren Verwendung aufbewahren.
5. Die Knoblauchzehen und die Petersilie sehr fein hacken und mit dem Paniermehl, dem Olivenöl und etwas Salz sowie Pfeffer mischen.
6. Die Muschelhälften mit dem Muschelfleisch auf ein grosses Backblech legen und je etwas Kochsud in die Muscheln giessen. Mit der Kräutermischung bestreuen.
7. Die Muscheln im auf 220 Grad vorgeheizten Ofen auf der mittleren Rille während 10–12 Minuten überbacken. Sofort servieren.

Die Menü-Idee
Zur Vorspeise: Maccheroni an pikanter Fleischsauce S. 68
Als Beilage: Weissbrot
Zum Dessert: Frische Feigen mit Vanillerahm S. 126

Tösstaler
Sonntagsbraten

Für 4–6 Personen

1 kg magerer Schweinshals
2–3 Esslöffel Senf
Salz, schwarzer Pfeffer aus
der Mühle
75 g eingesottene Butter
3 dl Weisswein oder saurer
Most
6 Rüebli
1 grosse Zwiebel
1 Teelöffel frischer Majoran
750 g Kartoffeln
2 dl Bouillon

1. Das Fleisch mit dem Senf, Salz und Pfeffer einreiben und in einen grossen Bräter legen.
2. Die eingesottene Butter in einem Pfännchen rauchheiss erhitzen. Über den Braten träufeln.
3. Den Braten im auf 240 Grad vorgeheizten Ofen auf der untersten Rille rundum gut anbraten.
4. Jetzt den Weisswein oder den Most beifügen und die Hitze auf 200 Grad reduzieren. Das Fleisch regelmässig mit dem Bratenjus begiessen.
5. Inzwischen die Rüebli schälen und der Länge nach halbieren oder vierteln. Die Zwiebeln schälen und grob hacken. Die Kartoffeln schälen und vierteln.

6. Nach 40 Minuten Bratzeit die Rüebli, die Zwiebeln und den Majoran zum Braten geben. Die Bouillon dazugiessen. Die Kartoffeln obenauf legen und alles weitere 45 Minuten unter regelmässigem Begiessen braten.

Die Menü-Idee

Zur Vorspeise: Gurkensalat an Joghurtsauce
Zum Dessert: Birnengratin S. 127

Pikante Fotzelschnitten

Für 4 Personen

4 Eier
4 Esslöffel Milch
80 g geriebener Käse
1 Prise Muskat
Salz, Pfeffer aus der Mühle
4 dickgeschnittene
altbackene Brotscheiben
ca. 1 dl Weisswein
Butter zum Braten

1. Die Eier mit der Milch verquirlen. Den geriebenen Käse beigeben. Die Masse mit Muskat, Salz und Pfeffer würzen.

2. Die Brotschnitten mit dem Weisswein beträufeln. Dann in der Eier-Käse-Mischung wenden.

3. Die Brote sofort in reichlich heisser Butter beidseitig goldgelb braten. Möglichst heiss servieren.

Tip

Für die Fotzelschnitten lassen sich Käsereste aller Art verwenden.

Bei der süssen Variante gibt man den Eiern ca. 1½ dl Milch bei und lässt den Käse sowie das Tränken der Brotschnitten in Weisswein weg. Nach dem Braten die Brote mit Zimtzucker bestreuen und mit Apfelkompott oder Vanillesauce servieren.

107

Gnocchi alla romana

(Griessgnocchi)
Für 4 Personen

1 l Milch
1 Teelöffel Salz
200 g Griess
75 g geriebener Parmesan
2 Eigelb
25 g Butter
1 Prise Muskat
<u>Zum Überbacken:</u>
50 g geriebener Parmesan
reichlich Butterflöckchen

1. Die Milch mit dem Salz aufkochen und den Griess unter Rühren einlaufen lassen. Die Hitze ganz klein stellen und den Griess unter Weiterrühren zu einem dicken Brei kochen (ca. 10 Minuten).
2. Dann vom Herd nehmen und die erste Portion Käse, die Eigelb und die Butter darunterrühren. Mit einer Prise Muskat abschmecken.
3. Ein grosses Blech kalt abspülen und den Griessbrei mit einem Spachtel ca. 1 cm dick ausstreichen. Damit der Griessbrei nicht am Spachtel kleben bleibt, taucht man diesen regelmässig ins kalte Wasser. Während 30–40 Minuten auskühlen lassen.
4. Eine feuerfeste Form ausbuttern. Mit einem grossen Ausstecher oder mit einem Glas Plätzchen ausstechen, dabei das Förmchen oder den Glasrand immer wieder in kaltes Wasser tauchen, damit sich der Griess besser schneiden lässt. Er kann übrigens auch mit einem Messer in Rauten oder Vierecke geschnitten werden.
5. Zuerst die Ausstechreste auf den Boden der Form legen, dann die Plätzchen ziegelartig einschichten. Mit der zweiten Portion Käse bestreuen und mit reichlich Butterflokken belegen. Im auf 220 Grad vorgeheizten Ofen auf der untersten Rille während 15–20 Minuten überbacken. Sofort servieren.

Orecchiette an Broccolisauce

Für 4 Personen

1 kg Broccoli
400 g Orecchiette
2 Knoblauchzehen
4 Sardellenfilets
½ dl Olivenöl
schwarzer Pfeffer aus der
Mühle

1. Die Broccoli rüsten, so dass nur die kleinen Röschen und die zartesten Stengel übrigbleiben (den Rest des Gemüses für eine Suppe verwenden). In reichlich kochendem Salzwasser knapp weich kochen. Mit einer Schaumkelle sorgfältig herausheben und zur weiteren Verwendung beiseite stellen.

2. Im gleichen Kochwasser die Orecchiette al dente, d. h. knapp weich kochen.

3. In der Zwischenzeit in einer zweiten Pfanne die geschälten und fein gescheibelten Knoblauchzehen sowie die gut gewässerten Sardellenfilets im Olivenöl bei kleiner Hitze schmoren. Dabei die Sardellenfilets mit einer Gabel fein zerdrücken. Dann den gekochten Broccoli beifügen, mit Pfeffer würzen und auf kleinem Feuer noch einen Moment mitköcheln lassen.

4. Wenn die Orecchiette al dente sind, abschütten, gut abtropfen lassen und sofort mit der heissen Broccolisauce mischen.

Tip

Sehr fein im Aroma harmonieren zu diesen Teigwaren minutenschnell gebratene Milkenscheiben. Dazu die Milken kurz in leichtem Salzwasser blanchieren, von allen Äderchen und Hautfetzen befreien und mit einem scharfen Messer in Tranchen schneiden.

Unmittelbar vor dem Braten mit Salz und Pfeffer würzen und sparsam mit Mehl bestäuben. In heisser Butter beidseitig minutenschnell braten.

Maisgaletten
Für 4 Personen als Beilage

100 g Mehl
1½ dl Milch
1 Ei
Salz, Pfeffer aus der Mühle
1 kleine Dose Maiskörner,
abgetropft ca. 300 g
Butter zum Braten

1. Das Mehl in eine Schüssel sieben und mit der Milch zu einer glatten Creme rühren. Das Ei untermischen und den Teig mit Salz und Pfeffer würzen. Zuletzt die Maiskörner beifügen. Den Teig ca. 20 Minuten ruhen lassen, damit das Mehl ausquellen kann.
2. In einer Bratpfanne die Butter erhitzen. Jeweils einen Esslöffel Teig hineingeben und darauf kleine Galetten backen. Bis zum Servieren warmstellen.

Tip
Dieses Gericht kann natürlich auch mit frischen, vom Kolben ausgelösten Maiskörnern zubereitet werden. In der anderthalbfachen Menge wird es zusammen mit einer Tomatensauce zur vollwertigen Mahlzeit.

Chow Mein

(Gebratene Nudeln mit Poulet und Gemüse)
Für 4 Personen

200 g Rüebli
200 g Zucchetti
200 g Lauch
300 g Wirz
300 g Pouletbrustfilets
200 g flache Spaghetti oder
Chinesennudeln
4 Esslöffel Öl
Salz
½ dl Sherry oder Weisswein
½ dl Sojasauce
nach Belieben zum Servieren
Sambal Oelek (scharfe
Pfefferschotenpaste)

1. Die Rüebli schälen, von den Zucchetti nur die Stielansätze wegschneiden. Die beiden Gemüse in dünne, fingerlange Streifchen schneiden. Vom Lauch die groben, dunkelgrünen Blätter entfernen. Den Stengel in möglichst dünne Ringe schneiden. Vom Wirz den Strunk und sehr dicke Blattrippen herausschneiden. Dann die Blätter in feine Streifen schneiden. Die Pouletbrustfilets ebenfalls in dünne, längliche Streifen schneiden.
2. Die Nudeln in viel siedendem Salzwasser knapp weich kochen. Abschütten und so lange mit kaltem Wasser überbrausen, bis die Nudeln vollständig ausgekühlt sind.

3. Ein Esslöffel Öl in einer grossen Bratpfanne erhitzen. Das Pouletfleisch beifügen und unter Wenden 1½ Minuten braten. Leicht salzen. Herausnehmen und warm stellen.
4. Einen weiteren Löffel Öl beifügen und die Gemüse hineingeben. Unter stetem Wenden ca. 3 Minuten braten; das Gemüse soll noch knackig sein. Die Hälfte des Sherrys oder Weissweins sowie die Hälfte der Sojasauce darüberträufeln. Je nach Salzgehalt der Sojasauce braucht man das Gemüse nicht mehr zu salzen. Herausnehmen und ebenfalls warm stellen.

5. Das restliche Öl in die Pfanne geben und die Nudeln beifügen. Den restlichen Sherry oder Weisswein sowie die Sojasauce darüberträufeln und die Nudeln unter Wenden 1½ Minuten braten. Dann die Hälfte des Fleisches und des Gemüses beifügen, alles gut mischen und auf einer vorgewärmten Platte anrichten.
6. Das restliche Fleisch und Gemüse in die Pfanne zurückgeben und unter Wenden nochmals gut heiss werden lassen. Über die angerichteten Nudeln verteilen. Das Chow Mein sofort servieren. Wer es scharf mag, würzt am Tisch seine Portion mit einer Messerspitze Sambal Oelek, einer feurigen Pfefferschotenpaste.

Tip
Für diese Spezialität aus der chinesischen Küche kann man anstelle von Poulet auch mageres Schweinefleisch oder Rindshuft verwenden, und auch die Gemüse lassen sich beliebig variieren.

Die Menü-Idee
Zur Vorspeise:
Schinkenmousse S. 15
Zum Dessert: Apfel- oder
Zwetschgen-Galette S. 125

Fenchelrisotto
Für 4 Personen

500 g Fenchel
500 g Tomaten
50 g Baumnusskerne
1 mittlere Zwiebel
2 Esslöffel Butter
250 g Rundkornreis (z. B.
Arborio oder Vialone)
ca. 4 dl Gemüsebouillon
abgeriebene Schale von
1 Zitrone
Salz, schwarzer Pfeffer aus
der Mühle

1. Die Fenchelknollen rüsten, dabei etwas schönes Fenchelkraut auf die Seite legen. Die Knollen halbieren, dann in Streifen schneiden.

2. Die Tomaten kurz in kochendes Wasser tauchen, schälen, quer halbieren, die Kerne herauskratzen und das Fruchtfleisch in Würfel schneiden.

3. Die Baumnusskerne grob hacken.

4. Die Zwiebel schälen und fein hacken. In einer grossen Pfanne die Butter schmelzen und die Zwiebel darin anziehen.

5. Den Fenchel beifügen und kurz mitdünsten.

6. Den Reis beifügen und unter Rühren alles gut mischen.

7. Dann gut 2 dl Bouillon sowie die abgeriebene Zitronenschale beifügen und unter stetem Rühren köcheln lassen, bis alle Bouillon vom Reis aufgenommen worden ist.

8. Die Tomaten, die Nüsse sowie die restliche Bouillon beifügen und alles weiterköcheln lassen, bis der Risotto knapp weich ist. Wenn nötig noch etwas Wasser oder Bouillon beifügen. Den Risotto mit Salz und Pfeffer abschmecken und mit feingeschnittenem Fenchelkraut bestreuen.

Die Menü-Idee
Als Vorspeise: Ei im Töpfchen S. 26
Zum Dessert: Zwetschgen-Charlotte S. 129

Schweinsfilet-Geschnetzeltes an Pilzsauce

Für 4 Personen

ca. 600 g Schweinsfilet
25 g gedörrte Steinpilze
10 g gedörrte
Totentrompeten
2 Schalotten
Salz, Pfeffer aus der Mühle
eingesottene Butter zum
Braten
1 dl Weisswein
1 grosse Fleischtomate
1 dl Sauer-Vollrahm
1 dl Vollrahm
1 Messerspitze Liebig's
Fleischextrakt

1. Das Schweinsfilet in kleinfingergrosse Streifen schneiden (evtl. vom Metzger machen lassen).

2. Die Steinpilze und die Totentrompeten getrennt in warmes Wasser einlegen und etwa eine halbe Stunde quellen lassen. Dann die Pilze herausnehmen und leicht ausdrükken. Vom Einweichwasser der Steinpilze 1 dl zur weiteren Verwendung auf die Seite stellen.

3. Die Schalotten schälen und fein hacken.

4. Unmittelbar vor dem Braten die Filetstreifen salzen und pfeffern und sofort in sehr heisser eingesottener Butter in zwei Portionen anbraten. Herausnehmen und zugedeckt warm stellen.

5. Die Hitze kleiner stellen. Zum Bratensatz wenn nötig noch etwas Butter geben und die Schalotten beifügen. Glasig anziehen.

6. Die Pilze beifügen und unter regelmässigem Wenden ca. 5 Minuten dünsten.

7. Mit dem Steinpilzwasser und dem Weisswein ablöschen und beides auf grossem Feuer gut um ein Drittel einkochen lassen.

8. In der Zwischenzeit die Tomate kurz in kochendes Wasser tauchen, herausnehmen, schälen, quer halbieren, die Kerne entfernen und das Fruchtfleisch in Würfelchen schneiden.

9. Den Sauer-Vollrahm und den Vollrahm zusammen mit etwas Saucenflüssigkeit verrühren und zu den Pilzen geben. Den Fleischextrakt beifügen und alles auf mittlerem Feuer leicht eindicken lassen.

10. Unmittelbar vor dem Servieren die Fleischstreifen und die Tomatenwürfelchen beigeben und sorgfältig heiss werden lassen. Auf keinen Fall kochen, sonst wird das Fleisch hart. Das Gericht mit Salz und Pfeffer abschmecken und sofort servieren.

Tip

Das Gericht kann auch mit gut gelagerter Rindshuft zubereitet werden. Wenn man frische, in Scheiben geschnittene Champignons beifügt, kann die Fleischmenge um ca. 150 Gramm reduziert werden.

Die Menü-Idee

*Als Vorspeise: Ei im Töpfchen
S. 26
Als Beilage zum
Hauptgericht: Rösti
Zum Dessert: Brombeer-
Eiscake S. 87*

Gefüllte Kartoffeln mit Käsecreme

Für 4 Personen

8 mittlere Kartoffeln
Füllung:
1 Esslöffel Butter
1 Esslöffel Mehl
3 dl Milch
75 g Schinken
1 Esslöffel Butter
2–3 Esslöffel Rahm
50 g geriebener Greyerzer
100 g Doppelrahm-Frischkäse
(z. B. Boursin, Cantadou, Gala)
Salz, Pfeffer aus der Mühle

1. Die Kartoffeln waschen und in Alufolie wickeln (matte Seite nach aussen). Im auf 220 Grad vorgeheizten Ofen auf der mittleren Rille während ca. 50 Minuten backen.
2. In der Zwischenzeit die Füllung vorbereiten: In einem kleinen Pfännchen die Butter schmelzen, das Mehl beifügen und alles unter Rühren einen Moment dünsten. Mit der Milch ablöschen, aufkochen und auf kleinem Feuer unter Rühren 5–10 Minuten köcheln lassen.
3. Den Schinken sehr fein hacken und zur Sauce geben.
4. Die gebackenen Kartoffeln aus der Folie wickeln und ei-nen Deckel wegschneiden. Das Innere der Kartoffeln bis auf einen Rand von gut 7 mm mit einem Apfelausstecher oder Löffel herausholen.
5. Die Butter und den Rahm zum Kartoffelfleisch geben und dieses mit einer Gabel fein zerdrücken. Mit dem Greyerzer und dem Doppel-rahm-Frischkäse zur Sauce geben. Alles gut mischen und mit Salz und Pfeffer ab-schmecken.
6. Die Käsecreme in die Kar-toffeln füllen und diese auf ein Backblech oder in eine Gratin-form stellen.
7. Die Kartoffeln nochmals im auf 220 Grad vorgeheizten Ofen auf der zweituntersten Rille backen. Möglichst heiss servieren.

Tip

Je nachdem ob man ge-würzten Frischkäse (z. B. mit Kräutern, grünem Pfeffer oder Meerrettich) oder eine neutrale Varian-te bevorzugt, erhält die Käsecreme eine andere Geschmacksnote.

Teigwarenauflauf mit Hackfleisch und Ricotta

Für 4 Personen

1 grosse Zwiebel
2 Knoblauchzehen
1 Bund Petersilie
1 Rüebli
1 Zweig Stangensellerie
½ dl Olivenöl
500 g gehacktes Rindfleisch
1 dl Rotwein
1 grosse Dose Pelati-Tomaten
(ca. 800 g)
Salz, Pfeffer aus der Mühle
600 g Bucatini oder
Maccheroni
500 g Ricotta
<u>Guss:</u>
2 Eier
2 ½ dl Milch
50 g geriebener Parmesan
Salz, Pfeffer aus der Mühle
<u>Zum Überbacken:</u>
150 g Mozzarella
75 g geriebener Parmesan

1. Die Zwiebel, die Knoblauchzehen und die Petersilie fein hacken. Das Rüebli und den Stangensellerie in kleinste Würfelchen schneiden.

2. Das Olivenöl in einer grossen Pfanne erhitzen und sämtliche gehackten Gemüse und Gewürze sowie das Hackfleisch anbraten. Mit dem Rotwein ablöschen und diesen etwas einkochen lassen.

3. Dann die Pelati-Tomaten mitsamt Saft beifügen, salzen, pfeffern und alles auf kleinem Feuer ca. 45 Minuten kochen lassen. Von Zeit zu Zeit umrühren. Dann die Sauce vom Herd ziehen und etwas auskühlen lassen.

4. In der Zwischenzeit die Teigwaren in reichlich siedendem Salzwasser al dente, d. h. knapp weich kochen. Abschütten und sofort mit kaltem Wasser abschrecken, damit sie nicht zusammenkleben.

5. Den Ricotta zerpflücken und in einer grossen Schüssel mit den Teigwaren mischen. Dann die leicht ausgekühlte Sauce daruntermischen. Alles in eine grosse, gut ausgebutterte Gratinform füllen.

6. Für den Guss die Eier, die Milch und den Parmesan verrühren und mit Salz und Pfeffer abschmecken. Über den Auflauf verteilen.

7. Den Mozzarella in dünne Scheiben schneiden und auf den Teigwaren verteilen. Mit dem Parmesan bestreuen.

8. Den Auflauf im auf 200 Grad vorgeheizten Ofen auf der untersten Rille während 25–30 Minuten goldbraun überbacken. Sehr heiss servieren.

Tip
Für die währschaften italienischen Teigwarengratins eignen sich die Bucatini, grosse, dicke Spaghetti, die innen hohl sind, oder andere längliche, röhrenförmige Teigwarensorten wie zum Beispiel Maccheroni besonders gut. Anstelle von Ricotta kann man auch Speisequark oder Ziger verwenden.

Morchel-Crêpes

Für 4–6 Personen

40 g getrocknete Morcheln
Teig:
100 g Mehl
1 dl Milch
1 dl Wasser
¼ Teelöffel Salz
2 Eier
20 g flüssige Butter
Füllung:
2 Schalotten oder kleine
Zwiebeln
2 Esslöffel Butter
½ dl Morchelwasser
2–3 Esslöffel Cognac

1½ dl Doppelrahm
¼ Teelöffel Thymian
Salz, Pfeffer aus der Mühle
Zum Überbacken:
½ dl Rahm
2 Esslöffel geriebener Sbrinz
oder Parmesan

1. Die Morcheln in warmem Wasser mindestens 45 Minuten einweichen. Dann unter fliessendem Wasser gut reinigen, damit kein Sand zurückbleibt. Grosse Morcheln längs halbieren. Das für die Sauce benötigte Einweichwasser durch einen Kaffeefilter giessen.

2. Den Crêpes-Teig zubereiten: Das Mehl in eine Schüssel sieben. Das Milchwasser beifügen und mit einem Schwingbesen zu einem glatten Teig rühren. Das Salz und die Eier daruntermischen, den

Teig jedoch nicht mehr schlagen. Zuletzt die flüssige Butter beifügen. Den Teig vor dem Backen eine halbe Stunde ausquellen lassen.

3. Aus dem Crêpes-Teig in einer mittelheissen Bratpfanne, die mit wenig Butter ausgepinselt wurde, möglichst dünne und eher kleine Omeletten ausbacken.

4. Für die Füllung die Schalotten oder Zwiebel schälen, fein hacken und in der Butter anziehen.

5. Die Morcheln beifügen, einen Moment mitdünsten, dann mit dem Einweichwasser und dem Cognac ablöschen. Leicht einkochen lassen.

6. Den Doppelrahm beifügen und alles auf kleinem Feuer gut 5 Minuten köcheln lassen. Wird normaler Rahm verwendet, die Sauce mit einem Stückchen Mehlbutter (Butter und Mehl zu gleichen Teilen mit einer Gabel verkneten) binden. Die Sauce mit Thymian, Salz und Pfeffer würzen.

7. Die Crêpes mit der Morchelsauce füllen, aufrollen und in eine ausgebutterte Gratinform legen.

8. Unmittelbar vor dem Backen die Crêpes mit dem Rahm beträufeln und mit dem Käse bestreuen.

9. Die Morchel-Crêpes im auf 220 Grad vorgeheizten Ofen auf der untersten Rille während 12–15 Minuten überbacken.

> ### Tip
> Die Crêpes sind eine raffinierte Beilage zu kräftigen Fleischgerichten wie Rindsfilet, Entrecôtes, Lamm oder Wild. Wenn man sie als Vorspeise serviert, reicht eine Crêpe pro Person.

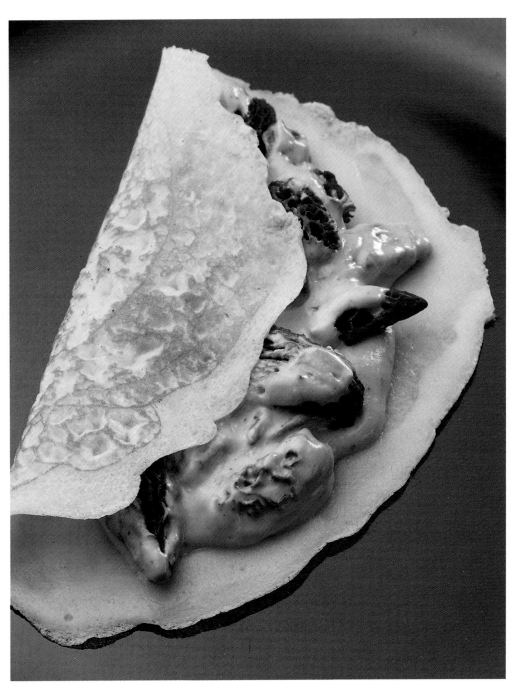

Spinatgratin mit Schinken und Käse
Für 4 Personen

1,2 kg frischer Blattspinat
oder 750 g tiefgekühlter
Spinat
1 mittlere Zwiebel
1 Esslöffel Butter
Salz, Pfeffer, Muskatnuss
200 g Schinken
100 g Raclettekäse oder
Greyerzer
<u>Sauce zum Überbacken:</u>
2 Esslöffel Butter
2 gestrichene Esslöffel Mehl
3 dl Milch
½ dl Rahm
Salz, Pfeffer, Muskat

1. Den Spinat gründlich waschen und erlesen. In kochendem Salzwasser 3–4 Minuten blanchieren. Abschütten und gut ausdrücken. Tiefkühlspinat antauen lassen.
2. Die Zwiebel schälen, fein hacken und in der Butter anziehen. Den gut ausgedrückten Spinat beigeben und 5 Minuten dünsten. Mit Salz, Pfeffer und Muskatnuss würzen. In eine gut ausgebutterte Gratinform füllen.

3. Den Schinken in feine Streifen schneiden, den Käse klein würfeln. Beides über den Spinat verteilen.
4. Für die Sauce die Butter in einem kleinen Pfännchen schmelzen. Das Mehl beifügen und unter stetem Rühren kurz andünsten. Die Milch beifügen. Die Sauce unter Rühren aufkochen und auf kleinem Feuer noch ca. 5 Minuten köcheln lassen. Zuletzt mit dem Rahm verfeinern und mit Salz, Pfeffer und Muskat würzen.
5. Die Sauce über den Gratin verteilen und diesen im auf 220 Grad vorgeheizten Ofen auf der untersten Rille ca. 25 Minuten überbacken.

Tip
Hat man einige Gschwellti von einer anderen Mahlzeit übrig, so kann man diese in Scheiben geschnitten auf dem Boden der Gratinform verteilen. Damit erübrigt sich jede weitere Beilage zu diesem nahrhaften Gratin.

117

Hirtenpastete
Für 4 Personen

1 kg Kartoffeln (mehlige Sorte)
4 dl Milch
50 g Butter
Salz, weisser Pfeffer
Fleischsauce:
1 Zweig Stangensellerie
1 grosses Rüebli
1 grosse Zwiebel
1 Knoblauchzehe
2 Esslöffel Butter
600 g gehacktes Rindfleisch
2 dl Rotwein
1 Dose Pelati-Tomaten (400 g)
Salz, Pfeffer aus der Mühle
2 Esslöffel gehackte Petersilie

1 Eigelb zum Bestreichen

1. Die Kartoffeln waschen, schälen und je nach Grösse in Viertel oder Achtel schneiden. In wenig Salzwasser weich kochen.

2. Das Kochwasser abschütten, die Pfanne auf die abgeschaltete Herdplatte zurückstellen und die Kartoffeln trokken dämpfen. Dann sofort durch das Passevite treiben.

3. Die Milch aufkochen und zusammen mit der Butter mit einem Schwingbesen unter das Kartoffelpüree rühren. Mit Salz und Pfeffer abschmekken.

4. Für die Sauce den Stangensellerie, das Rüebli, die Zwiebel und die Knoblauchzehe fein hacken und in der warmen Butter dünsten.

5. Das Hackfleisch beifügen und Farbe annehmen lassen.

6. Mit dem Rotwein ablöschen, diesen etwas einkochen lassen, dann die Pelati-Tomaten mitsamt Saft, Salz, Pfeffer und Petersilie beifügen. Auf kleinem Feuer eine halbe Stunde köcheln lassen.

7. Eine grosse Gratinform ausbuttern und die Hälfte des Kartoffelpürees einfüllen. Die Sauce darauf verteilen und mit dem restlichen Kartoffelstock decken. Mit Eigelb bestreichen.

8. Die Hirtenpastete im auf 200 Grad vorgeheizten Ofen auf der zweituntersten Rille während 20 Minuten backen. Möglichst heiss servieren.

> **Tip**
> Obwohl unkompliziert in der Zubereitung, kann man mit der Verwendung von Kartoffelstock aus dem Beutel nochmals Zeit sparen.

Chili con carne

Mexikanischer Hackfleisch-Bohnen-Topf
Für 4 Personen

1 Zwiebel
1 Knoblauchzehe
2 Esslöffel eingesottene Butter
500 g gehacktes Rindfleisch
1 Esslöffel Chilipulver
2 Esslöffel Tomatenpüree
1 Dose Pelati-Tomaten (400 g)
1 Dose rote Kidney-Bohnen (auch Indianerbohnen genannt)
Salz, Pfeffer aus der Mühle

1. Die Zwiebel und die Knoblauchzehe fein hacken und in der warmen Butter dünsten.
2. Das Hackfleisch beifügen und unter Wenden Farbe annehmen lassen.

3. Das Chilipulver über das Fleisch streuen und einen Moment mitdünsten.
4. Dann das Tomatenpüree, die Pelati-Tomaten mitsamt Saft sowie die gut abgetropften Bohnen beifügen. Alles auf kleinem Feuer 15 Minuten köcheln lassen. Mit Salz, Pfeffer und evtl. Chilipulver abschmecken.

Tip

Wichtig ist, dass der Chili einen Moment im Fett gedünstet wird, damit er sein volles Aroma entfalten kann. Je nachdem wie scharf man es liebt, verdoppelt oder verdreifacht man die Chilimenge im Rezept.

Die Menü-Idee

Wer eine Beilage wünscht, serviert Petersilienkartoffeln oder frisches Pariserbrot.

Kalbssteaks Stroganoff
Für 4 Personen

200 g frische Champignons
2 Essiggurken
1 mittlere Zwiebel
4 dick geschnittene
Kalbssteaks, je ca. 160 g
schwer
Salz, schwarzer Pfeffer aus
der Mühle
1 Esslöffel eingesottene
Butter
1 Esslöffel Kochbutter
1 gehäufter Teelöffel
edelsüsser Paprika
1 dl Weisswein
1 dl Bouillon
1 Teelöffel scharfer Senf
1½ dl Sauerrahm
1 Esslöffel Cognac
Salz, Pfeffer

1. Die Champignons waschen, rüsten und in dicke Scheiben schneiden. Die Essiggurken in feine Streifchen schneiden. Die Zwiebel schälen und fein hacken.

2. Die Kalbssteaks mit Salz und Pfeffer würzen und sofort in der heissen Butter auf jeder Seite je nach Dicke der Fleischstücke 2 bis 2½ Minuten anbraten. Herausnehmen, in eine Gratinform legen, mit Alufolie zudecken und im gut auf 60 Grad vorgeheizten Ofen 30 Minuten warm stellen.

Tip
Indem man die Steaks nach dem Braten zugedeckt im 60 Grad warmen Ofen ruhen lässt, kann das Fleisch »entspannen« und wird dadurch besonders zart und saftig. Das Stroganoff kann natürlich auch original zubereitet werden: In diesem Fall schneidet man Rindsfiletspitz oder gut gelagerte Huft in nicht zu kleine Würfel. Diese nur sehr kurz und portionenweise, jedoch sehr heiss anbraten; sie müssen innen noch saignant sein, sonst werden sie beim Warmstellen in der heissen Sauce hart und zäh.

3. Die Kochbutter in die Pfanne geben und die Zwiebel darin andünsten. Die Hitze höher stellen, die Champignons beifügen und 2–3 Minuten dünsten; sollte dabei Flüssigkeit entstehen, diese vollständig einkochen lassen. Dann den Paprika darüberstreuen, einen Augenblick mitdünsten, erst jetzt den Weisswein dazugiessen und zur Hälfte einkochen lassen. Die Bouillon, den Senf und die Essiggurken beigeben und alles auf kleinem Feuer köcheln lassen.

4. Etwas Saucenflüssigkeit mit dem Sauerrahm verrühren, diesen zur Sauce geben und alles mit dem Cognac sowie Salz und Pfeffer abschmecken.

5. Die kochendheisse Sauce um die Kalbssteaks herum verteilen und das Gericht sofort servieren.

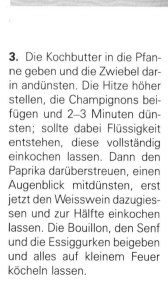

Fritto misto

Für 4 Personen

Ausbackteig:
125 g Mehl
10 g Hefe
2 dl Weisswein
Salz, weisser Pfeffer
1 Esslöffel Öl
2 Eiweiss

ca. 1 kg Gemüse (ungerüstet gewogen), z. B. Blumenkohl, Broccoli, Champignons, Zucchetti, Peperoni, Auberginen, Fenchel, Sellerie
Zum Ausgarnieren:
2 Zitronen

1. Zuerst den Ausbackteig zubereiten: Das Mehl in eine Schüssel sieben und in der Mitte eine Vertiefung anbringen. Die Hefe mit 1 Esslöffel lauwarmem Wasser anrühren und in die Mehlmulde giessen. Etwas Mehl darüberstäuben. Den Wein beifügen und alles zu einem glatten Teig rühren. Mit Salz und Pfeffer würzen.

Mindestens eine halbe Stunde ruhen lassen. Unmittelbar vor dem Ausbacken das Öl und die ganz leicht verschlagenen Eiweiss (nicht Schnee!) darunterrühren.
2. Während der Teig ruht, die Gemüse vorbereiten: mit Ausnahme der Zucchetti, Champignons, Auberginen und Peperoni müssen die in mundgerechte Stücke geschnittenen Gemüse etwa 5 Minuten in kochendem Salzwasser blanchiert werden. Beim Abschütten sehr gut abtropfen lassen und mit Haushaltspapier trockentupfen.

3. Die vorbereiteten Gemüse durch den Ausbackteig ziehen und im 180 Grad heissen Öl goldbraun fritieren. Auf Haushaltspapier abtropfen lassen und auf einer vorgewärmten Platte bis zum Servieren im 100 Grad heissen Backofen aufbewahren. Sind alle Gemüse fritiert, die Platte mit Zitronenvierteln ausgarnieren.

Tip

Fritto misto – wörtlich übersetzt: gemischtes Fritiertes – kann entweder nur aus Gemüse bestehen oder aber aus einer Mischung von Gemüse, Fleisch und/oder Fisch. Je nach Saison kann die Auswahl variiert werden. Zu den wenigen Gemüsen, die sich für das Fritieren nicht besonders gut eignen, gehören Rüebli, alle Blätterkohlarten (z. B. Rosenkohl, Weiss- und Rotkabis, Wirz) und Lauch.

Kartoffeltorte mit Schinken und Speck

Für 4–6 Personen

6 mittlere Kartoffeln
250 g Modelschinken
250 g Frühstücksspeck
1 grosse Zwiebel
2 Knoblauchzehen
1 Teelöffel frischer Oregano
ca. 600 g Blätterteig
Salz, schwarzer Pfeffer aus
der Mühle
2½ dl Rahm
1 Bund Petersilie

1. Die Kartoffeln schälen und möglichst fein schneiden.
2. Den Schinken und den Speck in feine Streifen schneiden.
3. Die Zwiebel in dünne Ringe, den Knoblauch in Scheibchen schneiden.
4. Den Oregano fein hacken.
5. Zwei Drittel des Blätterteiges auswallen und eine Pieform oder eine Springform damit auslegen; dabei einen Rand hochziehen. Den Teigboden mit einer Gabel einstechen. Die Speckstreifen darauf verteilen. Die Hälfte der Kartoffelscheiben auslegen und mit Salz und Pfeffer würzen. Die Zwiebelringe, die Knoblauchscheibchen sowie den Oregano darüber verteilen. Den Schinken daraufgeben und mit den restlichen Kartoffelscheiben abschliessen. Wiederum leicht würzen.
6. Aus dem restlichen Teig einen Deckel etwas grösser als die Form auswallen, auflegen und die Ränder leicht gegen innen aufrollen. Mit einer Gabel oder Teigklammer gut verschliessen.
7. Die Torte im auf 180 Grad vorgeheizten Ofen auf der untersten Rille während 40 Minuten backen.
8. Jetzt mit der Küchenschere den Deckel der Teignaht entlang ausschneiden und sorgfältig abheben.
9. Den Rahm halb steif schlagen, mit der gehackten Petersilie sowie Salz und Pfeffer leicht würzen und über die Kartoffelfüllung giessen.
10. Den Deckel wieder auflegen und die Torte während weiterer 20 Minuten fertigbacken. Sehr heiss servieren.

Die Menü-Idee

Zur Vorspeise: Gemischter Salat
Zum Dessert: Birnen-Schokolade-Mousse S. 124

Risotto mit Spinat und Steinpilzen
Für 4 Personen

25 g getrocknete Steinpilze
500 g Blattspinat
Salzwasser
schwarzer Pfeffer aus der Mühle
1 grosse Zwiebel
2 Esslöffel Butter
300 g Rundkornreis (z. B. Arborio oder Vialone)
1½ dl Weisswein
2 dl Pilzflüssigkeit
ca. 6 dl Bouillon
1 Knoblauchzehe
3 Salbeiblätter
4 Esslöffel Rahm
75 g geriebener Sbrinz oder Parmesan
25 g Butter

1. Die Steinpilze etwa eine halbe Stunde in lauwarmes Wasser einlegen.

2. Den Spinat gründlich waschen, erlesen und in reichlich kochendem Salzwasser, dem man einige Umdrehungen Pfeffer beigibt, 3–4 Minuten blanchieren. Abschütten und gut ausdrücken.

3. Die Zwiebel schälen, fein hacken und in der warmen Butter glasig werden lassen. Den Reis beifügen und kurz anrösten. Dann mit dem Weisswein ablöschen und so lange rühren, bis dieser vollständig vom Reis aufgenommen ist.

4. Die Pilze abschütten, dabei 2 dl Flüssigkeit auffangen. Die Pilze und die Flüssigkeit zum Reis geben und diese wiederum unter Rühren kochen lassen, bis sie vollständig vom Reis aufgesogen ist.

5. Dann ein Drittel der Bouillon beifügen, die Knoblauchzehe dazupressen und die feingehackten Salbeiblättchen beifügen. Wieder unter Rühren kochen lassen, bis alle Flüssigkeit aufgenommen ist.

6. Dann den zweiten Drittel der Bouillon beifügen. So weiterfahren, bis alle Bouillon aufgebraucht ist. Der Reis sollte unbedingt noch feucht und leicht körnig sein, d.h. Biss haben.

7. Sobald der Risotto so weit ist, den gekochten Spinat mit zwei Gabeln locker darunterziehen. Mit dem Rahm, dem Parmesan und der Butter verfeinern. Zuletzt mit Salz und Pfeffer abschmecken. Sofort servieren. Wichtig: Die Gäste sollen auf den Risotto warten und nicht der Risotto auf den Gast!

Tip
Dieses feine Reisgericht ist variantenreich. Anstelle von gedörrten Steinpilzen können 250 g frische Champignons verwendet werden, und der Spinat kann durch geschälte, entkernte und in Würfel geschnittene Tomaten ersetzt werden; diese ebenfalls erst ganz am Schluss beifügen.

Birnen-Schokolade-Mousse

Für 6 Personen

1 grosse Dose Kompottbirnen
(abgetropft ca. 450 g)
1 Becher Joghurt nature
(180 g)
3 Esslöffel Zucker
1 Päckli Vanillinzucker
½ dl Birnensaft
6 Blatt Gelatine
2 dl Rahm
75 g dunkle Schokolade
<u>zum Bestreuen:</u>
25 g dunkle Schokolade

1. Die Birnen gut abtropfen lassen, dabei ½ dl Saft zur weiteren Verwendung beiseite stellen. Die Birnen im Mixer oder mit dem Stabmixer pürieren.

2. Das Birnenpüree mit dem Joghurt, dem Zucker und dem Vanillinzucker mischen.

3. Den Birnensaft in einem kleinen Pfännchen erhitzen. Vom Feuer nehmen.

4. Die Gelatine in kaltem Wasser einweichen. Sobald sie zusammenfällt, leicht ausdrükken und im warmen Birnensaft auflösen. Zuerst einige Löffel Birnenpüree unterrühren, bevor man die Gelatineflüssigkeit zum restlichen Birnenpüree gibt.

5. Den Rahm steif schlagen und ebenfalls unterziehen.

6. Die Schokolade in kleine Stücke schneiden, dann mit dem Wiegemesser feinhakken. Sorgfältig mit der Birnenmousse mischen.

7. Die Birnenmousse in eine Terrinenform oder Servierschüssel füllen und im Kühlschrank mindestens 2 Stunden fest werden lassen.

8. Vor dem Servieren die zweite Portion Schokolade an der Käseraffel fein reiben. Über die Mousse streuen. Diese am Tisch mit einem Glaceportionierer oder einem Löffel abstechen und auf Tellern anrichten.

Tip

Anstatt Dosenfrüchte zu verwenden, kann man auch selbst Kompottfrüchte zubereiten. Besonders gut schmecken sie, wenn man sie in einem Zuckersirup pochiert, der je zur Hälfte aus Wasser und Weisswein besteht und mit etwas dünn abgeschälter Zitronenschale sowie nach Belieben mit einem Stück Zimtstengel oder frischem Ingwer gewürzt ist.

Apfel-Galette

Für 4–6 Personen

Teig:
100 g Mehl
1 Prise Salz
1–2 Esslöffel Zucker
50 g möglichst kalte Butter
½ Ei
1 Esslöffel Rahm
abgeriebene Schale von
½ Zitrone
Belag:
3 säuerliche Äpfel
1–2 Esslöffel Zucker
1 dl Rahm
½ Vanillestengel
nach Belieben etwas
Calvados oder Kirsch

1. Das Mehl in eine Schüssel sieben und mit dem Salz und dem Zucker mischen. Die Butter in kleinen Flocken dazuschneiden. Alles mit den Fingern rasch bröselig reiben.

2. Das Ei, den Rahm und die Zitronenschale miteinander verquirlen. Zur Mehl-Butter-Mischung geben und alles zu einem Teig zusammenfügen. Nicht kneten, sonst wird er zäh! In Klarsichtfolie wickeln und mindestens ½ Stunde kühl stellen.

3. Den Teig auf den Boden einer mittleren Springform legen. Die zum Aufbewahren verwendete Klarsichtfolie darüberlegen und den Teig direkt auf dem Blech dünn auswallen. Die Folie entfernen, den Springformrand aufsetzen.

4. Die Äpfel schälen, vierteln, das Kerngehäuse entfernen und die Früchte in möglichst dünne Schnitzchen schneiden. Auf dem Teigboden kranzförmig anordnen und mit Zucker bestreuen.

5. Die Apfel-Galette im auf 220 Grad vorgeheizten Ofen auf der untersten Rille während 35 Minuten backen.

6. In dieser Zeit den Rahm mit dem Vanillestengel und den herausgekratzten Samen aufkochen. Vom Feuer nehmen und 10 Minuten ziehen lassen.

7. 10 Minuten vor Ende der Backzeit den Kuchen mit dem Rahm und nach Belieben mit etwas Calvados oder Kirsch beträufeln. Fertig backen. Noch warm servieren.

Tip

Der Kuchen kann sehr gut im voraus gebacken werden. In diesem Fall den Vanillerahm erst unmittelbar vor dem Servieren darüberträufeln und den Kuchen unter dem vorgeheizten Grill oder bei grösster Oberhitze kurz überbacken.

Frische Feigen mit Vanillerahm

Für 4 Personen

*8 frische, möglichst reife
Feigen
2 Esslöffel Puderzucker
8 Esslöffel Marsala
2 dl Rahm
½ Teelöffel Vanilleessenz
oder ½ Päckli Vanillinzucker*

1. Die Feigen waschen und
mit Küchenpapier gut trocknen. Je nach Feigensorte
eventuell die Haut sorgfältig
von der Spitze der Frucht her
dünn abschälen. Dann die Feigen halbieren und in eine Platte legen.
2. Den Puderzucker in ein feines Siebchen geben und über
die Feigen streuen.
3. Dann den Marsala gleichmässig über die Feigen verteilen.

4. Die Feigen 2–3 Stunden im
Kühlschrank am kältesten Ort
ziehen lassen.
5. Den Rahm mit der Vanilleessenz oder dem Vanillinzuk-
ker mischen und ebenfalls gut
kühl stellen.
6. Unmittelbar vor dem Servieren den Vanillerahm flaumig schlagen. Feigen und
Rahm getrennt servieren.

Birnengratin
Für 4 Personen

4 vollreife Birnen
3 dl Weisswein
4 Esslöffel Zucker
1 Esslöffel Zitronensaft
1 Teelöffel Maizena
4 Esslöffel Orangenkonfitüre
2 Esslöffel Grand Marnier
2 Eier
2 dl Doppel- oder Vollrahm

1. Die Birnen schälen, halbieren, das Kerngehäuse entfernen und die Früchte in Schnitze schneiden.

2. Den Weisswein mit dem Zucker aufkochen.

3. Die Birnenschnitze portionenweise je nach Sorte und Reifegrad im Sud 3–5 Minuten ziehen lassen. Herausnehmen, gut abtropfen lassen und in vier ausgebutterte Portionenförmchen oder in eine grosse feuerfeste Gratinform schichten.

4. Den Zitronensaft und das Maizena miteinander verrühren, zum Weissweinsud geben und alles zu einem dicklichen Sirup einkochen. Mit der Orangenkonfitüre und dem Grand Marnier mischen. Leicht auskühlen lassen.

5. Die Eier mit dem Rahm verquirlen und den Fruchtsirup untermischen. Über die Birnen verteilen.

6. Den Birnengratin im auf 220 Grad vorgeheizten Ofen auf der zweituntersten Rille während 12–15 Minuten überbacken. Warm servieren.

Tip
Birnen reifen bei Zimmertemperatur relativ schnell nach. Deshalb findet man auf dem Markt und in den Läden oft Birnen, die noch hart sind und erst nach einigen Tagen Nachlagern ihre Essreife erlangen.

Vanillecreme mit Schneeball-Eiern

Œufs à la neige
Für 4 Personen

5 dl Milch
1 Vanillestengel
6 Eiweiss
4 Esslöffel Puderzucker
1 Päckli Vanillinzucker
6 Eigelb
100 g Zucker
2 Esslöffel Maizena
4 Esslöffel Milch
Caramelüberzug:
1 Glas Wasser
200 g Zucker

1. Die Milch mit dem aufgeschlitzten Vanillestengel und den herausgekratzten Samen aufkochen.
2. Die Eiweiss steif schlagen. Dann löffelweise nach und nach den Puderzucker darunterschlagen. Zuletzt die Masse mit dem Vanillinzucker parfümieren.

3. Mit einem grossen Löffel vom Eischnee grosse Bälle abstechen. Am besten geht dies, wenn man zwischendurch den Löffel in heisses Wasser taucht. Die Schneebälle portionenweise in der kochenden Vanillemilch pochieren. Sie dürfen sich dabei nicht berühren; also immer nur einige wenige Bälle gleichzeitig in die Milch geben. Ein- bis zweimal wenden und nach 5–6 Minuten herausheben. Auf einem Küchentuch abtropfen lassen.
4. Sind alle Schneebälle pochiert, die Milch durch ein feines Sieb giessen, damit die Eischneereste, die sich beim Pochieren gelöst haben, zurückbleiben. Die Milch, wenn nötig, auf 5 dl ergänzen.
5. Die abgetropften Schneebälle in eine weite, nicht zu tiefe Schüssel setzen.
6. Die Eigelb mit dem Zucker zu einer hellen, dicklichen Creme aufschlagen.

7. Die Milch nochmals vors Kochen bringen und unter ständigem Rühren zur Eicreme giessen. Das Maizena mit der kalten Milch anrühren und beifügen. Alles in die Pfanne zurückgeben und unter gutem Rühren vors Kochen bringen, so dass die Creme leicht bindet. Aber Vorsicht: zu grosse Hitze lässt die Eigelb gerinnen!
8. Die Creme unter gelegentlichem Durchrühren auskühlen lassen. Dann am Rande der Schüssel zu den Schneebällen giessen. Die Bällchen dürfen dabei nicht übergossen werden, sondern sollen auf der Creme schwimmen.
9. Das Wasser mit dem Zucker auf grossem Feuer so lange kochen lassen, bis der Zucker die Farbe von dunklem Blond angenommen hat. Die Pfanne vom Feuer nehmen und auf jeden Schneeball etwas von der Caramelmasse

giessen, so dass alle ein hellbraunes Käppchen erhalten.

Tip
Die Konsistenz dieser Creme soll eher dünnflüssig sein, sonst erdrückt sie die zarten Eiweiss-Klösschen. Wer ein Mikrowellengerät besitzt, kann die Schneeball-Eier auch damit garen: Vom steifgeschlagenen Eiweiss nicht zu kleine Bällchen abstechen, auf einen flachen Teller legen und bei halber Geräteleistung 1½–2 Minuten garen.

128

Zwetschgen-Charlotte

Für 4–6 Personen

10–12 Scheiben Toastbrot
150 g Butter
500 g Zwetschgen
125 g Marzipan-Rohmasse
3 Esslöffel
Zwetschgenwasser oder
Kirsch
75 g Mandelmakrönli
50 g Mandelsplitter
2 dl Rahm

1. Zwei Toastbrotscheiben rösten und an der Bircherraffel fein reiben.

2. Mit den restlichen Toastbrotscheiben eine hohe, enge Form auslegen. Dazu die Brotscheiben entrinden und so zuschneiden, dass beim Auslegen der Form keine Zwischenräume entstehen. Das ist wichtig, damit die Charlotte nach dem Backen gestürzt werden kann. Zwei bis drei Brotscheiben als »Deckel« der Charlotte vorbereiten. Dann alle Brotscheiben in der geschmolzenen Butter wenden und die Form auskleiden.

3. Die Zwetschgen halbieren, entsteinen und in Schnitzchen schneiden.

4. Die Marzipanmasse mit dem Zwetschgenwasser oder Kirsch sowie dem fein geriebenen Toastbrot mischen.

5. Die Makronen fein zerbröckeln. Zusammen mit den Mandelsplittern und den Zwetschgen zur Marzipanmasse geben und alles sorgfältig mischen. In die vorbereitete Form füllen, gut festdrücken, dabei die Form mehrmals auf den Küchentisch klopfen, damit die Füllung satt sitzt. Mit den vorbereiteten Toastbrotscheiben decken.

6. Die Charlotte auf der untersten Rille des auf 200 Grad vorgeheizten Ofens während ca. 45 Minuten backen. Herausnehmen und vor dem Stürzen 10 Minuten ruhen lassen.

7. Den Rahm steif schlagen und separat zur Charlotte servieren. Diese schmeckt am besten lauwarm.

Tip

Bei diesem Dessert aus Grossmutters Küche ist es sehr wichtig, dass die Form, die man für die Zubereitung wählt, nicht zu gross und vor allem relativ eng ist, damit sie mit den Brotscheiben möglichst nahtlos ausgekleidet werden kann. Nur dann lässt sich nämlich die Charlotte zum Servieren problemlos stürzen.

Die Menü-Idee

Als Vorspeise: Rüebli-Sellerie-Cremesuppe mit Schinkenklösschen S. 96

Kastanienparfait
Für 6 Personen

1½ dl Milch
½ Vanillestengel
4 Eigelb
75 g Zucker
200 g Marronipüree
2 Esslöffel weisser Rum
2 Eiweiss
3 Esslöffel Zucker
5 dl Rahm

1. Die Milch mit dem aufgeschlitzten Vanillestengel und den herausgekratzten Samen aufkochen. Neben der Herdplatte 10 Minuten ziehen lassen.

2. Inzwischen die Eigelb und den Zucker zu einer hellen, dicklichen Creme aufschlagen.

3. Den Vanillestengel aus der Milch entfernen und die Milch nochmals aufkochen. Unter Rühren mit dem Schwingbesen zur Eicreme geben. Alles in die Pfanne zurückgiessen und so lange unter Rühren auf kleinstem Feuer belassen, bis die Creme leicht bindet (»zur Rose kochen«). Vorsicht, die Creme darf nicht kochen, sonst gerinnen die Eigelb.

4. Die Creme auskühlen lassen. Dabei mehrmals umrühren, damit sich keine Haut bildet.

5. Das Kastanienpüree glatt rühren und mit dem Rum parfümieren. Dann sorgfältig mit der Creme mischen.

6. Die Eiweiss steif schlagen. Dann unter Weiterrühren löffelweise den Zucker beifügen und so lange weiterschlagen, bis der Schnee glänzend weiss ist.

7. Den Rahm ebenfalls steif schlagen.

8. Mit dem Schwingbesen zuerst den Eischnee unter die Kastaniencreme rühren. Dann den Rahm sorgfältig unterheben. Die Masse in eine ca. 1,5 Liter fassende Form oder in kleine Portionenförmchen füllen. Während mindestens 3 Stunden gefrieren lassen.

Tip
Das Kastanienparfait mit einer Aprikosen-, Mango- oder Himbeersauce, zubereitet aus pürierten Früchten, servieren.

Kaiserschmarren

Für 4 Personen als Dessert
für 2 Personen als süsse
Mahlzeit

1 dl Milch
4 Esslöffel Rahm
2 Eigelb
1 Prise Salz
80 g Mehl
2 Eiweiss
50 g Butter
25 g Rosinen
Puderzucker zum Bestreuen

1. Die Milch, den Rahm, die Eigelb, das Salz und das Mehl zu einem glatten Teig verquirlen.

2. Die Eiweiss steif schlagen und sorgfältig unter den Omelettenteig ziehen.

3. In einer grossen Bratpfanne die Hälfte der Butter erhitzen und den Teig hineingiessen. Die Rosinen darüberstreuen und den Kaiserschmarren auf mittlerem bis kleinem Feuer langsam anbakken. Den Teig von Zeit zu Zeit am Rand mit einem Spachtel leicht lösen. Sobald die untere Seite Farbe angenommen hat, den Kaiserschmarren wenden, dabei die restliche Butter beifügen. Die zweite Seite ebenfalls Farbe annehmen lassen. Dann mit Hilfe einer Gabel und der Bratenschaufel in Stücke zerpflücken. Auf einer vorgewärmten Platte bergartig anrichten und sofort servieren. Nach Belieben mit Puderzucker bestreuen.

> **Tip**
> Traditionellerweise wird zum Kaiserschmarren Zwetschgenröster serviert, also Zwetschgenkompott. Es passt aber auch jedes andere Kompott dazu.

131

Winter

Die Landschaft ist in grauweisse Nebelschleier gehüllt,
man wartet auf Schnee. Was gibt es da Schöneres als
eine warme Küche, in der es verlockend duftet? Denn die Winterküche
im Dezember, Januar und Februar ist besser als ihr Ruf: Trotz
karger Natur mit viel Nässe und Kälte findet man auf
dem Markt immer noch eine Fülle von Küchenschätzen.

Rezept Seite 135

Winter-Marktnotizen

Gemüse	*Dezember*	*Januar*

Was in Hülle und Fülle zu finden ist

Dezember

Aus Inlandernte:
Bodenkohlrabi, Brunnenkresse, Chicorée, Champignons, Chinakohl, Federkohl, Gartenkresse, Kardy, Karotten, Kartoffeln, Knollensellerie, Kürbis, Lauch grün, Lauch gebleicht Nüsslisalat, Pastinaken, Portulak, Randen, Rettiche, Rosenkohl, Rotkabis, Rüben, Schalotten, Schnittsalat, Schwarzwurzeln, Spinat, Stachys, Stangensellerie, Suppensellerie, Topinambur, Weisskabis, Wirz, Zuckerhut, Zwiebeln.

Januar

Aus Inlandernte:
Bodenkohlrabi, Brunnenkresse, Champignons, Chicorée, Chinakohl, Federkohl, Gartenkresse, Kardy, Karotten, Kartoffeln, Knollensellerie, Lauch gebleicht, Nüsslisalat, Pastinaken, Portulak, Randen, Rosenkohl, Rotkabis, Rüben, Schwarzwurzeln, Suppensellerie, Topinambur, Weisskabis, Wirz, Zwiebeln.

Import:
Artischocken, Auberginen, Broccoli, Blumenkohl, Eisbergsalat, Gurken, Kopfsalat, Marroni, Peperoni, Tomaten, Zucchetti.

Import:
Blumenkohl, Broccoli, Endivien, Gurken, Kopfsalat, Marroni, Peperoni, Stangesellerie, Tomaten.

Im Kommen

Im Auslaufen

Catalogna, Cicorino rosso, Endivie, Fenchel, Kohlrabi, Krautstiele, Lattich, Pak-Choi, Spinat.

Kardy, Kürbis, Lauch grün, Rettiche, Schalotten, Schnittsalat, Stachys, Stangensellerie, Zuckerhut.

Früchte

Was in Hülle und Fülle zu finden ist

Ananas, Äpfel, Avocados, Bananen, Birnen, Grapefruits, Kakis, Mandarinen, Mangos, Nüsse, Orangen.

Ananas, Äpfel, Avocados, Bananen, Birnen, Grapefruits, Mandarinen, Mangos, Nüsse, Orangen, Pomelos.

Im Auslaufen

Feigen, Quitten, Trauben.

Februar

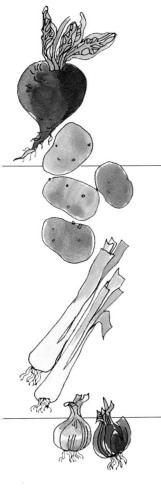

Aus Inlandernte:
Bodenkohlrabi, Brunnen-
kresse, Champignons,
Chicorée, Gartenkresse,
Karotten, Kartoffeln, Knollen-
sellerie, Lauch gebleicht,
Nüsslisalat, Portulak,
Randen, Rosenkohl, Rot-
kabis, Rüben, Schwarz-
wurzeln, Suppen-Sellerie,
Topinambur, Weisskabis,
Wirz, Zwiebeln.

Import:
Auberginen, Blumenkohl,
Broccoli, Endivien, Fenchel,
Gurken, Kopfsalat, Peperoni,
Spinat, Tomaten, Zucchetti.

Aus Inlandernte:
Löwenzahn, Radieschen,

Chinakohl, Federkohl, Kardy,
Kürbis, Lauch grün, Schalotten.

Ananas, Äpfel, Avocados,
Bananen, Birnen, Grapefruits,
Mandarinen, Nüsse,
Orangen, Zitronen.

Kabis-Bünteli mit Hackfleisch

Für 4 Personen
1 grosser Kabiskopf
Füllung:
1 mittlere Zwiebel
1 Knoblauchzehe
2 Esslöffel Butter
500 g gehacktes Rindfleisch
2 Tassen fein gehackter Kabis
1 dl Rotwein
1 Esslöffel Tomatenpüree
1 Bund Petersilie
1 Teelöffel frischer Majoran
Salz, Pfeffer aus der Mühle
zum Überbacken:
1½ dl Gemüse- oder
Fleischbouillon
1½ dl Rahm

1. Allfällige unschöne Aus-
senblätter des Kabis entfernen. Dann den ganzen Kopf in
kochendes Salzwasser legen.
Nach 4–5 Minuten herausheben und die erste Blätterlage
sorgfältig ablösen. Den Kabiskopf wieder ins kochende
Wasser geben und so weiterfahren, bis man 10–12 schöne
Blätter abgelöst hat. Einen Teil
der restlichen Kabisblätter mit
dem Wiegemesser oder im
Cutter fein hacken. Für die Füllung benötigt man zwei Tassen gehackten Kabis.
2. Für die Füllung die Zwiebel
und die Knoblauchzehe schälen und fein hacken.
3. Die Butter in einer Bratpfanne erhitzen und die Zwiebeln und den Knoblauch andünsten.
4. Das Hackfleisch beifügen
und gut anbraten.
5. Den feingeschnittenen Kabis beifügen und 2–3 Minuten
unter Wenden mitbraten.

6. Mit dem Rotwein ablöschen. Das Tomatenpüree, die
feingehackte Petersilie und
den Majoran beifügen und die
Masse mit Salz und Pfeffer
würzen. Auf mittlerem Feuer
so lange kochen lassen, bis
praktisch alle Flüssigkeit eingekocht ist. Die Füllung etwas
auskühlen lassen.
7. Die vorbereiteten Kabisblätter auf der Arbeitsfläche
ausbreiten und je etwas Füllung daraufgeben. Zu einem
Paket verschliessen. Nach Belieben mit Küchenschnur binden.
8. Eine Gratinform ausbuttern
und die Kabis-Bünteli hineinlegen. Die Bouillon dazugiessen.
9. Die Kabis-Bünteli im auf
200 Grad vorgeheizten Ofen
auf der zweituntersten Rille
während 25 Minuten backen.
Regelmässig mit Garflüssigkeit übergiessen, damit die
Pakete nicht austrocknen.
10. Nach 25 Minuten Garzeit
den Rahm dazugiessen und alles nochmals ca. 15 Minuten
backen. Sollten die Kabispake-
te zu stark bräunen, mit Alufolie abdecken.

Tip
Dieses Gericht lässt sich
auch mit Wirz, Spitzkohl,
Chinakohl oder Lattich zubereiten.

Szegediner Gulasch

Für 4 Personen

800 g Sauerkraut
2 grosse Zwiebeln
1 Knoblauchzehe
800 g mageres
Schweinsvoressen
3 Esslöffel Schweinefett oder
eingesottene Butter
2 Esslöffel Delikatess- oder
Edelsüss-Paprika
2–3 dl Hühnerbouillon
1 Teelöffel Kümmel
Salz, schwarzer Pfeffer aus
der Mühle
1,5 dl Vollrahm
2 dl Sauerrahm
2 gestrichene Esslöffel Mehl

1. Das Sauerkraut unter kaltem, fliessendem Wasser gründlich spülen, um den Säuregehalt zu verringern. Die Zwiebeln und die Knoblauchzehe fein hacken.

2. Das Schweinsvoressen im heissen Fett rundum anbraten. Die Hitze reduzieren und die Zwiebeln sowie den Knoblauch beifügen. Alles unter Rühren etwa 10 Minuten dämpfen. Dann den Paprika darüberstäuben und kurz mitdämpfen. Mit der Bouillon ablöschen. Das Sauerkraut beifügen, alles gut mischen und mit dem Kümmel, Salz und Pfeffer würzen. Zugedeckt auf kleinem Feuer während ca. 1½ Stunden weich schmoren. Von Zeit zu Zeit die Flüssigkeit kontrollieren und wenn nötig wenig Bouillon nachgiessen.

3. Sobald das Fleisch weich ist, den Vollrahm, den Sauerrahm sowie das Mehl im Mixer aufschlagen (damit wird ein Ausflocken des Sauerrahms beim Erwärmen vermieden). Alles sorgfältig unter das heisse Gulasch rühren und noch 10 Minuten auf kleinstem Feuer ziehen lassen. Mit Salz und Pfeffer nachwürzen. Original wird das Szegediner Gulasch in Suppentellern angerichtet und begleitet von einem Schüsselchen mit Sauerrahm.

Die Menü-Idee
Als Vorspeise: Nüsslisalat mit Speck
Beilage: Salzkartoffeln
Zum Dessert: Apfelstrudel Wiener Art S. 172

Weisse Bohnen an Tomatensauce
Für 4 Personen

250 g Soisson- oder Cannellini-Bohnen
800 g frische Tomaten oder 1 grosse Dose Pelati-Tomaten (ca. 800 g)
2 Schalotten oder 1 mittlere Zwiebel
2 Knoblauchzehen
½ dl Olivenöl
1 Esslöffel Tomatenpüree
Salz, schwarzer Pfeffer
1 Bund frisches Basilikum

1. Die Bohnenkerne 7–8 Stunden oder über Nacht einweichen. Dann zusammen mit dem Einweichwasser ca. 1½ Stunden kochen.

2. Inzwischen die Tomaten kurz in kochendes Wasser tauchen und schälen. In grobe Würfel schneiden.

3. Die Schalotten oder Zwiebel sowie die Knoblauchzehen schälen und fein hacken. Im warmen Olivenöl anziehen.

4. Die Tomatenwürfel oder die Pelati-Tomaten mitsamt Saft beifügen, ebenso das Tomatenpüree. Mit Salz und Pfeffer würzen und auf kleinem Feuer ca. 30 Minuten kochen lassen.

5. Die Bohnen abschütten und in die Tomatensauce geben. Nochmals eine halbe Stunde köcheln lassen. Unmittelbar vor dem Servieren das in feine Streifen geschnittene Basilikum daruntergeben.

> **Tip**
> Die Einweichzeit verkürzt sich, wenn man dem Wasser eine Messerspitze Natron zusetzt. Salz, aber auch Säure verlängern die Kochzeit. Deshalb weder Wein, Essig noch säurehaltiges Gemüse zu den ungekochten Bohnenkernen geben. Im Dampfkochtopf haben die Soisson- oder Cannellini-Bohnen eine Kochzeit von 30–35 Minuten.

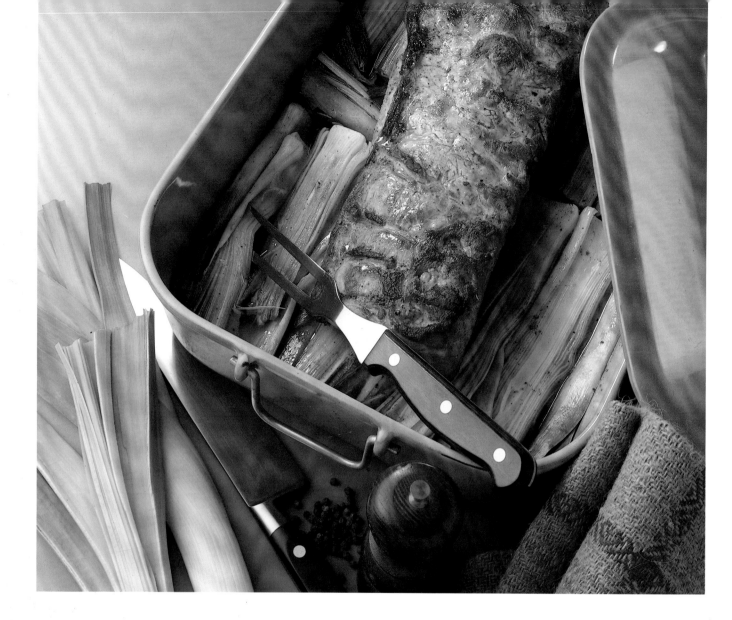

Schweinsnierbraten auf Lauchbett

Für 6 Personen

ca. 1,2 kg Schweinsnierbraten
3 Knoblauchzehen
Salz, schwarzer Pfeffer aus
der Mühle
eingesottene Butter zum
Anbraten
12 grosse Lauchstengel
½ dl Weisswein

1. Mit einem kleinen spitzen Messer am Bratenstück rundum nicht zu grosse Einschnitte anbringen. Die Knoblauchzehen schälen und in Stifte schneiden. Diese in die Einschnitte stecken. Dann das Fleisch mit Salz und Pfeffer würzen.

2. In einem grossen Bratgeschirr reichlich eingesottene Butter erhitzen und das Bratenstück rundum kräftig anbraten. Herausnehmen und warmstellen.

3. Vom Lauch den obersten Teil mit den dunkelgrünen Blättern wegschneiden. Die Stangen der Länge nach halbieren und gründlich waschen.

4. Zum Bratensatz etwas Butter nachgeben und die Lauchstengel satt nebeneinander in das Bratgeschirr legen. Etwa 2 Minuten anbraten, ohne jedoch die Stengel zu wenden. Dann den Weisswein dazugiessen und das Fleisch auf den Lauch legen.

5. Das Bratgeschirr mit dem Deckel oder mit Alufolie verschliessen und auf die unterste Rille des auf 200 Grad vorgeheizten Ofens geben. Während ca. 50 Minuten garen.

Von Zeit zu Zeit den Braten mit dem entstandenen Jus übergiessen.

6. Den Braten herausnehmen und vor dem Aufschneiden in Folie gewickelt 10 Minuten ruhen lassen, damit der Fleischsaft sich verteilen kann. Zusammen mit dem Lauch servieren.

Die Menü-Idee

Zur Vorspeise: Gesulzte
Roquefort-Eier S. 19
Als Beilage: In der Schale
gebratene Kartoffeln
Zum Dessert: Caramelisierter
Birnenkuchen S. 168

Käseschnitten nach Grossmutterart

Für 4 Personen

*4 grosse oder 8 kleine, ca.
1,5 cm dicke Brotscheiben
etwas Weisswein zum
Beträufeln
200 g geriebener Greyerzer
(nach Belieben mit
Emmentaler gemischt)
2 dl Rahm
2 Eigelb
Salz, Pfeffer aus der Mühle
1 Prise Muskat
2 Eiweiss
1 Prise Backpulver*

1. Die Brotscheiben auf einem gut ausgebutterten Backblech auslegen und gleichmässig mit etwas Weisswein beträufeln.

2. Den Käse, den Rahm und die Eigelb miteinander mischen und die Masse pikant mit wenig Salz, reichlich Pfeffer und etwas Muskat würzen.

3. Die Eiweiss mit dem Backpulver steif schlagen und den Schnee sorgfältig unter die Käsecreme heben.

4. Die Masse auf die Brotscheiben verteilen und sofort im auf 200 Grad vorgeheizten Ofen während ca. 20 Minuten goldgelb backen. Die Käsemasse sollte innen noch leicht feucht sein. Möglichst heiss servieren.

Tip

Wenn Sie einen Rest Tomatensauce haben, so geben Sie nach dem Bakken pro Käseschnitte einen Löffel Sauce darüber.

139

Entenbrüstchen an Calvadossauce mit Äpfeln

Für 4 Personen

2–3 Entenbrüstchen, je nach
Grösse
Salz, schwarzer Pfeffer aus
der Mühle
1 Esslöffel eingesottene
Butter
2 säuerliche Äpfel
25 g Butter
25 g Zucker
wenig Zitronensaft
3 dl Hühnerbouillon
½ dl Calvados oder
Apfelschnaps
50 g Butter
Salz, Pfeffer

1. Den Backofen auf 80 Grad vorheizen.

2. Die Entenbrüstchen salzen und pfeffern und mit der Hautseite nach unten in die gut heisse Butter legen. Auf jeder Seite je nach Grösse der Entenbrust 1–2 Minuten stark braten. Aus der Pfanne nehmen, in eine Gratinform legen (nicht decken!) und bei 80 Grad (nicht heisser!) auf der mittleren Rille des Ofens eine Stunde ruhen lassen.

3. In der Zwischenzeit die Äpfel schälen, vierteln, das Kerngehäuse entfernen und die Früchte in nicht zu dünne Schnitzchen schneiden.

4. Die Butter und den Zucker in einer Bratpfanne zusammen erhitzen, die Äpfel hineingeben und die Schnitzchen glasig dünsten. Mit etwas Zitronensaft beträufeln und mit

½ dl Hühnerbouillon ablöschen. Bis zum Anrichten auf die Seite stellen.

5. Die restliche Bouillon und den Calvados gut 5 Minuten auf starkem Feuer einkochen.

6. Unmittelbar vor dem Servieren die Butter in Stückchen zur Sauce geben und unter kreisendem Drehen der Pfanne auf der Herdplatte in die Sauce einziehen lassen. Wenn nötig mit Salz und Pfeffer nachwürzen.

7. Die Entenbrüstchen aus dem Ofen nehmen, tranchieren, auf vorgewärmten Tellern anrichten, mit den nochmals kurz erhitzten Äpfeln garnieren und mit der Sauce umgiessen.

Tip

Auf die gleiche Weise kann man auch ein Schweinsfilet oder Kalbsteaks zubereiten. Man kann die beiden Fleischstücke entweder nach herkömmlicher Art à la minute braten oder aber – wie im Rezept beschrieben – langsam im Ofen gar ziehen lassen. Beim Schweinsfilet verlängert sich in diesem Fall die Anbratzeit auf insgesamt 5 Minuten (je nach Grösse.) Kalbsteaks brät man auf jeder Seite je nach Dicke der Fleischstücke 2 bis 2 ½ Minuten an, dann lässt man sie im gut auf 60 Grad vorgeheizten Ofen 30 Minuten ziehen.

Kartoffel-Fenchel-Gratin

Für 4 Personen

600 g Kartoffeln
500 g Fenchel
2 ½ dl Rahm
Salz, schwarzer Pfeffer aus der Mühle
40 g frisch geriebener Sbrinz

1. Die Kartoffeln schälen und je nach Grösse in Viertel oder Achtel schneiden.
2. Den Fenchel rüsten, dabei wenn nötig die äusseren Blätter entfernen. Die Knollen je nach Grösse wie die Kartoffeln in Viertel oder Achtel schneiden.
3. Beide Gemüse in Salzwasser knapp weich kochen. Gut abtropfen lassen.
4. Eine Gratinform ausbuttern und das Gemüse einschichten. Den Rahm und den Käse zusammen verrühren und mit Salz und Pfeffer würzen. Über das Gemüse giessen.

5. Den Gratin im auf 200 Grad vorgeheizten Ofen auf der mittleren Rille während 25–30 Minuten überbacken.

Tip

Wer den Fenchel wegen seines starken Aromas nicht sonderlich schätzt, kann den Gratin sehr gut mit Stangensellerie oder Lauch zubereiten.

Kartoffel-Spinat-Gratin mit Feta

Für 4 Personen

6 grosse Kartoffeln
50 g Butter
3 Eier
2 Zwiebeln
2 Bund Petersilie
1 Bund Dill
Salz, Pfeffer aus der Mühle
500 g tiefgekühlter Blattspinat
oder ca. 1 kg frischer Spinat
250 g Feta (griechischer
Schafskäse)
75 g Parmesan
einige Butterflöckchen

1. Die Kartoffeln schälen, in feine Scheiben schneiden und in eine grosse Schüssel geben. In einem Pfännchen die Butter schmelzen und über die Kartoffeln träufeln.

2. Die Eier verquirlen und mit den Kartoffeln mischen. Die Zwiebeln, die Petersilie und den Dill fein hacken und zu den Kartoffeln geben. Alles mit Salz und Pfeffer würzen.

3. Die Hälfte der Kartoffeln in eine gut ausgebutterte Gratinform verteilen. Mit dem aufgetauten und auseinandergezupften Tiefkühl-Spinat bedecken (frischer Blattspinat muss zuvor kurz blanchiert werden). Den Feta darüberkrümeln und mit den restlichen Kartoffelscheiben decken.

4. Die Form mit Alufolie verschliessen und im auf 180 Grad vorgeheizten Ofen auf der mittleren Rille während 30 Minuten backen.

Tip
Heute wird der traditionelle griechische Schafskäse Feta oft auch aus Kuhmilch oder einer Mischung von Kuh- mit Schafs- oder Ziegenmilch hergestellt. Feta besitzt keine Rinde. Er hat einen weissen Teig, der in rechteckige Stücke gepresst wird, und besitzt ein etwas säuerliches, pikantes und salziges Aroma.

5. Dann die Form abdecken und die Kartoffeln mit dem Parmesan bestreuen und mit Butterflöckchen belegen. Ungedeckt bei gleicher Hitze weitere 30 Minuten backen. Möglichst heiss servieren.

Überbackene Chicorée-Schinken-Rollen

Für 4 Personen

8 Chicorée
1 Esslöffel Zitronensaft
8 dünn geschnittene
Scheiben Schinken
2–3 Esslöffel Butter
1 dl Portwein
1 dl Bouillon
2 dl Rahm
Salz, Pfeffer aus der Mühle
2 Esslöffel geriebener Sbrinz
oder Parmesan

1. Den Chicorée rüsten, waschen, jedoch ganz lassen. Die Stauden in leichtem Salzwasser, das mit dem Zitronensaft gewürzt wird, während 12–15 Minuten knapp weich kochen. Herausnehmen und gut abtropfen lassen.

2. Inzwischen die Schinkenscheiben portionenweise in der warmen Butter leicht anbraten. Herausnehmen und jeweils eine gekochte Chicorée-Staude damit umwickeln. In eine gut ausgebutterte Gratinform legen.

3. Den Bratensatz mit dem Portwein auflösen und diesen gut zur Hälfte einkochen lassen. Die Bouillon dazugiessen und ebenfalls wieder zur Hälfte einkochen lassen. Den

Rahm beifügen, die Sauce mit Salz und Pfeffer abschmecken und zum vorbereiteten Chicorée giessen.

4. Die Chicorée-Schinken-Rollen im auf 220 Grad vorgeheizten Ofen auf der untersten Rille während ca. 20 Minuten überbacken. Nach 10 Minuten Backzeit den geriebenen Käse über die Rollen streuen.

Schweinsfilet im Mantel mit Bratgemüse

Für 6 Personen

600 g Kalbsbrät
1 kleiner roter Peperone
100 g gekochter Schinken
2 Esslöffel gehackte Pistazien
2 Esslöffel gehackte Petersilie
1 grosses Schweinsfilet
(ca. 500 g)
Salz, schwarzer Pfeffer aus
der Mühle
1 Schweinsnetz

2–3 Rüebli
2–3 Zwiebeln
1 kg kleine Kartoffeln

50 g eingesottene Butter
1 dl Weisswein
ca. 1 dl Bouillon

1. Das Kalbsbrät in eine Schüssel geben.

2. Den Peperone halbieren, entkernen und waschen. In ganz kleine Würfelchen schneiden.

3. Den Schinken in Streifen schneiden.

4. Die Peperoniwürfelchen und den Schinken mit den Pistazien und der Petersilie zum Brät geben und alles gut mischen.

5. Das Schweinsfilet mit Salz und Pfeffer würzen.

6. Das Schweinsnetz in kaltem Wasser gut wässern, abtropfen lassen und auf dem Küchentisch ausbreiten.

7. Ein Drittel der Brätmasse in der Länge des Filets darauf ausstreichen. Das Schweinsfilet drauflegen und von allen Seiten mit der restlichen Brätmasse einhüllen. Das Schweinsnetz darumschlagen und das Paket in einen grossen Bräter oder auf ein Backblech legen.

8. Die Rüebli schälen und in Scheiben schneiden. Die Zwiebeln schälen und vierteln. Die Kartoffeln gut waschen, jedoch nicht schälen. Alle Gemüse um das Fleisch herum verteilen.

9. Die eingesottene Butter in einem kleinen Pfännchen erhitzen und über das Schweinsfilet giessen. Sofort auf der untersten Rille des auf 220 Grad vorgeheizten Backofens einschieben und während 15 Minuten braten.

10. Dann den Weisswein dazugiessen und die Hitze auf 200 Grad reduzieren. Weitere 15 Minuten braten. Dann etwas Bouillon nachgiessen; das Fleisch und das Gemüse von Zeit zu Zeit mit Bratenjus übergiessen. Die Gesamtbratzeit beträgt je nach Dicke des Schweinsfilets 50–60 Minuten. Das Fleisch soll innen noch knapp rosa sein. Vor dem Tranchieren zugedeckt gut 5 Minuten ruhen lassen, damit sich der Fleischsaft gleichmässig verteilen kann.

Die Menü-Idee

*Zur Vorspeise: Geräucherter Lachs mit Kapern, Zwiebelringen und Toast
Zum Dessert:
Kastanienparfait S. 130*

Wirzstrudel

Für 4 Personen

800 g Wirz
500 g Zwiebeln
150 g Bratspeck
1 dl Rahm
1 Ei
Salz, Pfeffer aus der Mühle
Strudelteig:
300 g Mehl
1,5 dl Milch
2 Esslöffel Öl
2 Eigelb
1 Teelöffel Salz

75 g Kochbutter
75 g geriebener Sbrinz

1. Den Wirzkopf halbieren und den Strunk herauschneiden. Wenn nötig die äussersten, unschönen Blätter entfernen. Den Wirz in feine Streifen schneiden.
2. Die Zwiebeln schälen und in Ringe schneiden.
3. Den Speck in Streifchen schneiden. Diese in einer grossen Pfanne auf mittlerem Feuer langsam anbraten. Dann den Wirz und die Zwiebeln beifügen und unter öfterem Wenden auf nicht zu grossem Feuer knapp weich dämpfen. Vom Herd ziehen.

4. Den Rahm und das Ei verquirlen und unter das Gemüse mischen. Mit Salz und Pfeffer würzen. Auskühlen lassen.
5. Inzwischen den Strudelteig zubereiten. Das Mehl in eine Schüssel sieben. Die Milch, das Öl, die Eigelb und das Salz miteinander verquirlen und zum Mehl geben. Alles mit einer Kelle zu einem Teig zusammenfügen, dann aus der Schüssel nehmen und so lange von Hand bearbeiten, bis er weich und elastisch ist. Den Teig in Folie wickeln und bei Zimmertemperatur ca. 30 Minuten ruhen lassen.
6. Den Strudelteig auf dem leicht bemehlten Küchentisch so dünn als möglich zu einem Rechteck auswallen. Zuletzt sorgfältig über dem Handrükken papierdünn ausziehen.

7. Die Butter in einem Pfännchen schmelzen und mit einem Teil davon den ausgewallten Teig bepinseln. Zwei Drittel der Teigbreite mit dem Sbrinz bestreuen. Die Wirzfüllung darauf verteilen. Den Teig an drei Seiten einschlagen und den Strudel sorgfältig aufrollen. Den vierten Rand mit Wasser bestreichen und gut andrücken. Die Strudelrolle mit der Naht nach unten sorgfältig auf den Rücken eines grossen, leicht bebutterten Backblechs legen. Wiederum mit flüssiger Butter bestreichen.
8. Den Strudel im auf 220 Grad vorgeheizten Ofen auf der untersten Rille während 40 Minuten backen. Dabei mehrmals mit flüssiger Butter einpinseln. Den Strudel sehr heiss servieren.

Die Menü-Idee

Als Vorspeise: Frisésalat mit gerösteten Brotwürfelchen
Zum Dessert: Orangen-Schaumcreme S. 173

Tip

Anstelle von Wirz kann man diesen feinen Gemüsestrudel auch mit Spinat, Lattich oder Krautstielen zubereiten. Im letzteren Fall verwendet man die grünen Blätter mit und reduziert den Zwiebelanteil. Ansonsten bleiben sich alle Zutaten gleich.

»Sure Mocke«

(Sauerbraten an
Rotweinsauce)
Für 6 Personen

1 Rüebli
1 kleines Stück Sellerie
1 kleiner Lauchstengel
1 Zwiebel, besteckt mit
Lorbeerblatt und 4 Nelken
10 Pfefferkörner
10 Wacholderbeeren
1 l Rotwein
1 dl Rotweinessig
ca. 1,2 kg runder Mocken
(Huftdeckel)
2 Esslöffel eingesottene
Butter
7 dl guter Rotwein
1 Esslöffel Butter
1 Esslöffel Mehl
Salz, Pfeffer aus der Mühle

1. Das Rüebli, den Sellerie
und den Lauchstengel wa-
schen, rüsten und in möglichst
feine Streifchen schneiden.
Zusammen mit der besteck-
ten Zwiebel, den Pfefferkörnern, den Wacholderbeeren,
dem Rotwein und dem Essig
aufkochen. Leicht auskühlen
lassen.
2. Das Fleisch in eine möglichst tiefe Schüssel geben
und mit dem Sud übergiessen.
Unter gelegentlichem Wen-
den drei bis fünf Tage an einem kühlen Ort ziehen lassen.
3. Das Fleisch aus der Marinade nehmen, abtropfen lassen
und mit Küchenpapier abtup-
fen. Die Marinade absieben
und 2 dl zur weiteren Verwendung beiseite stellen.
4. Das Fleisch in der heissen
Butter rundum anbraten. Mit

dem Rotwein und 2 dl Marinade ablöschen. Leicht salzen
und pfeffern. Auf kleinem Feuer während 2 Stunden kochen
lassen.
5. Danach die Butter in einem
Pfännchen erhitzen und das
Mehl auf kleinem Feuer braun
rösten. Mit etwas Sauce ablöschen, gut mit dem
Schwingbesen verrühren und
zum Braten giessen. Auf kleinem Feuer weitere 15 Minuten köcheln lassen. Vor dem
Servieren die Sauce mit Salz
und Pfeffer nochmals ab-
schmecken.

Tip

Wer mag, gibt dem Braten
nach dem Ablöschen mit
Rotwein 3–4 Esslöffel in
lauwarmem Wasser ein-
geweichte Rosinen bei.
Besonders fein wird die
Sauce durch die Beigabe
von einigen Löffeln Sauerrahm.

Die Menü-Idee

Zur Vorspeise: Gemischter
Blattsalat
Als Beilage: Spinat-
Kartoffelstock S. 147
Zum Dessert: Apfel-Galette
S. 125

Spinat-Kartoffelstock
Für 4 Personen

1 kg möglichst mehlige
Kartoffeln
1 kg frischer Spinat oder
ca. 600 g tiefgekühlter
Blattspinat
1 mittlere Zwiebel
2 Esslöffel Butter
2 dl Milch
Salz, Pfeffer
Muskatnuss
75 g Butter

1. Die Kartoffeln schälen, vierteln und in nicht zuviel Salzwasser weich kochen.
2. In der Zwischenzeit den Spinat gründlich waschen und abtropfen lassen. Tiefgekühlten Spinat wenn möglich ein bis zwei Stunden vorher aus dem Gefrierfach nehmen, damit er antauen kann.
3. Die Zwiebel schälen und fein hacken.
4. In einer grossen Pfanne die Butter erwärmen und die Zwiebel darin anziehen. Den Spinat beifügen und unter häufigem Wenden andünsten, bis er zusammenfällt. Dann auf kleinem Feuer knapp weich dünsten. Nur wenn unbedingt nötig wenig Wasser beifügen. Mit Salz, Pfeffer und Muskatnuss würzen.
5. Wenn die Kartoffeln weich sind, die Milch erhitzen und leicht salzen. Die Kartoffeln heiss durch das Passevite direkt in die Milch treiben und sofort mit einer Kelle zu einem luftigen Brei schlagen. Mit Salz und Muskat abschmekken. Dann mit dem heissen Spinat mischen und auf einer vorgewärmten Platte anrichten. Zuletzt mit der flüssig gemachten Butter überträufeln und sofort servieren.

Tip
Wenn es eilt, kann man auch Kartoffelstock aus dem Beutel oder tiefgekühltes Kartoffelpüree verwenden.

Chinesisches Broccoligemüse mit Rindfleisch

Für 4 Personen

500 g Rindshuft
3 Esslöffel Sojasauce
2 Esslöffel Öl
1 gestrichener Esslöffel
Maizena
800 g Broccoli
Erdnussöl zum Braten
Salz
½ dl Sherry
1 dl Bouillon

1. Das Fleisch in längliche, dünne Streifen schneiden.
2. In einer Schüssel die Sojasauce, das Öl und das Maizena zu einer Marinade rühren. Das Fleisch beifügen und gut mischen.
3. Den Broccoli in Röschen, den groben Strunk in kleine Stücke teilen, alles waschen, dann in nicht zuviel Salzwasser knapp weich kochen. Abschütten und abtropfen lassen.
4. In einer möglichst grossen, weiten Bratpfanne etwas Öl erhitzen. Das marinierte Fleisch darin kurz anbraten, dann den Broccoli beifügen und alles leicht salzen. Den Sherry und die Bouillon dazugiessen, alles gut mischen und noch 1 Minute kochen lassen. Sofort möglichst heiss servieren.

Die Menü-Idee

*Zur Vorspeise: Kleine
Käsetoasts S. 149
Als Beilage: Trockenreis
Zum Dessert: Ananas im
Mantel an Orangensauce
S. 170*

Tip

Beim Broccoli sollte man darauf achten, dass seine Blütenstände noch unterentwickelte, also grüne Knospen aufweisen. Wird Broccoli zu lange gelagert, so entwickeln sich diese Knospen zu gelblichen Blüten, die oft bitter schmecken. Deshalb auf keinen Fall länger als zwei Tage im Gemüsefach des Kühlschranks aufbewahren.

Kleine Käsetoasts

Für 4 Personen

12 Pariserbrotscheiben
etwas Butter
Füllung:
200 g geriebener Greyerzer
2 Eier
½ dl Doppelrahm
Salz, Pfeffer aus der Mühle
1 Prise Muskat

2 Tranchen magerer
Frühstücksspeck

1. Die Pariserbrotscheiben beidseitig dünn mit Butter bestreichen und im auf 120 Grad vorgeheizten Ofen auf einem Backblech beidseitig knusprig backen. Auskühlen lassen.
2. Den Käse, die Eier und den Rahm im Mixer oder in der Moulinette zu einer feinen Masse aufschlagen. Mit Salz, Pfeffer und Muskat würzen. Wenn möglich eine Stunde kühl stellen, denn je kälter die Masse ist, desto besser lässt sie sich backen.
3. Den Speck in feinste Streifchen schneiden.

4. Die Käsemasse bergartig auf die gebackenen Pariserbrotscheiben verteilen und mit den Speckjuliennes bestreuen. Auf der mittleren Rille kurz unter dem gut vorgeheizten Grill oder bei höchster Oberhitze überbacken.

149

Kartoffel-Apfel-Salat mit Blutwürsten

Für 4 Personen

1 kg Kartoffeln
½ dl heisse Hühnerbouillon
2 Äpfel
½ dl Wasser
1 Teelöffel Zitronensaft
<u>Sauce:</u>
1 kleine Zwiebel
1 Knoblauchzehe
2–3 Esslöffel Apfelessig
1 Teelöffel Senf
1 Teelöffel Meerrettich aus dem Glas oder der Tube
1 Teelöffel Zitronensaft
Salz
3–4 Esslöffel Öl

2 Esslöffel Rahm

4 Blutwürste
2 Esslöffel Butter

1. Die Kartoffeln in der Schale knapp weich kochen, noch warm schälen und in Scheiben schneiden. In eine Schüssel geben und lagenweise mit der heissen Bouillon beträufeln. Zugedeckt 15 Minuten ziehen lassen.
2. Die Äpfel vierteln und das Kerngehäuse entfernen. In Schnitzchen schneiden. Mit dem Wasser und dem Zitronensaft zugedeckt knapp weich dünsten.

3. Für die Sauce die Zwiebel und die Knoblauchzehe schälen und fein hacken. Mit allen übrigen Zutaten zu einer sämigen Sauce rühren.
4. Kartoffel- und Apfelscheiben lagenweise in einer Platte anrichten und mit der Sauce beträufeln.
5. Die Blutwürste in kaltem Wasser aufsetzen und bis vor den Siedepunkt bringen. Das Feuer klein stellen und die Blutwürste ca. 15 Minuten ziehen lassen. Das Wasser darf dabei auf keinen Fall kochen, sonst platzen die Würste.

6. Die Blutwürste herausnehmen, mit Haushaltspapier trocken tupfen. Dann in der heissen Butter langsam leicht braten. Heiss zum Kartoffel-Apfel-Salat servieren.

Tip
Der Salat schmeckt auch zu Leberwürsten oder einem Saucisson.

150

Milch-Makkaroni

Für 4 Personen

*400 g Makkaroni, grosse
Hörnli oder ähnliche
Teigwaren
3 grosse Zwiebeln
50 g Butter
4 dl Milch
25 g Butter
75 g geriebener Sbrinz
50 g geriebener Greyerzer
schwarzer Pfeffer aus der
Mühle*

1. Die Teigwaren in reichlich siedendem Wasser je nach Form 5–6 Minuten vorkochen. Abschütten und gut abtropfen lassen.

2. Während die Teigwaren kochen, die Zwiebeln schälen und in dünne Ringe schneiden. In einer Bratpfanne die Butter schmelzen und die Zwiebelringe auf mittlerem Feuer hellbraun und weich rösten.

3. Die Milch mit der Butter aufkochen und die vorgekochten Teigwaren hineingeben. Unter Rühren auf mittlerem Feuer fertig d. h. al dente kochen. Zuletzt den geriebenen Käse untermischen und die Teigwaren mit Pfeffer würzen. Auf eine vorgewärmte Platte anrichten und die Zwiebeln darauf verteilen.

Tip

Diese alte Innerschweizer Spezialität kann mit den verschiedensten Teigwarensorten zubereitet werden, doch sollten sie möglichst viel Oberfläche aufweisen, damit sie die Milch gut aufnehmen können. Gut geeignet sind neben Makkaroni alle Hohlformen wie Hörnli, Penne, Denti di elefanti usw. oder Phantasieformen wie Krawättli, Spiralen usw.

Senf-Kaninchen

Für 4 Personen

16–20 Perlzwiebelchen
1,2–1,5 kg Kaninchenragout
Salz, Pfeffer aus der Mühle
etwas Rosmarinpulver
1–3 Esslöffel eingesottene
Butter
1 Teelöffel Mehl
2 dl Weisswein
2 Esslöffel Senf
ca. 2 dl Bouillon
1 dl Rahm
Salz, Pfeffer aus der Mühle

1. Die Perlzwiebelchen schälen.
2. Das Kaninchenragout unmittelbar vor dem Braten mit Salz, Pfeffer und Rosmarin würzen. Portionenweise in der heissen Butter anbraten. Herausnehmen.
3. Wenn nötig noch etwas Butter beifügen und die Zwiebelchen kurz anbraten. Das Mehl darüberstreuen, einen Moment mitdämpfen, dann mit dem Weisswein ablöschen.
4. Den Senf in der Sauce verrühren, alles einen Moment köcheln lassen, dann die Bouillon und das angebratene Fleisch beifügen. Zugedeckt auf kleinem Feuer 40–50 Minuten schmoren lassen. Die Ragoutstücke von Zeit zu Zeit wenden. Während der letzten 15 Minuten Kochzeit den Rahm beifügen und die Sauce mit Salz und Pfeffer abschmecken.

Die Menü-Idee

Zur Vorspeise: Zucchettisalat italienische Art S. 53
Als Beilage: Gnocchi alla romana S. 108 oder Maisgaletten S. 110
Zum Dessert: Vanillecreme mit Schneeball-Eiern S. 128

Tip

Das Kaninchenfleisch wirklich nur auf ganz kleinem Feuer schmoren lassen, da es sonst gerne austrocknet und fasrig wird.

152

Hackfleisch-Kartoffel-Kuchen

Für 6 Personen

1 grosse Zwiebel
1 Knoblauchzehe
2 Bund Petersilie
600 g gehacktes Rindfleisch
oder eine Mischung halb
Rind/halb Schwein
1 Teelöffel Paprikapulver
Salz
reichlich schwarzer Pfeffer
aus der Mühle
1 kg Kartoffeln
2 grosse Zwiebeln

2 Esslöffel frische
Rosmarinnadeln
Olivenöl zum Beträufeln

1. Die Zwiebel, die Knoblauchzehe und die Petersilie fein hacken. Mit dem Hackfleisch mischen und mit Paprika, Salz und Pfeffer kräftig würzen.

2. Die Kartoffeln schälen und in dünne Scheiben schneiden. Die Hälfte auf einem gut mit Olivenöl bepinselten Ofenblech auslegen und sparsam salzen und pfeffern. Den Fleischteig darauf verteilen und mit den restlichen Kartoffelscheiben decken. Wiederum salzen und pfeffern.

3. Die beiden Zwiebeln schälen und in dünne Ringe schneiden. Zusammen mit den Rosmarinnadeln über die Kartoffeln streuen. Alles mit reichlich Olivenöl beträufeln.

4. Den Hackfleisch-Kartoffel-Kuchen im auf 200 Grad vorgeheizten Ofen auf der mittleren Rille während ca. 40 Minuten backen. Sollte die Oberfläche zu rasch bräunen, mit Alufolie abdecken. Heiss aus dem Ofen servieren.

Tip

Den Hackfleischteig kann man übrigens problemlos »strecken«, indem man ganz fein gewürfeltes Gemüse wie Rüebli und Stangensellerie oder gehackte Bratenreste untermischt.

Picadillo

(Rindfleisch mit Petersilienreis)
Für 4 Personen

600 g Rindfleisch zum Schmoren
1 grosse Zwiebel
2 Knoblauchzehen
3–4 Esslöffel Olivenöl
400 g Tomaten oder 1 Dose Pelati-Tomaten
2 säuerliche Äpfel
2 kleine Pfefferschoten
50 g Rosinen
10 mit Pimento gefüllte grüne Oliven
1 Prise Zimt
1 Prise Nelkenpulver
Salz, schwarzer Pfeffer aus der Mühle
50 g Mandelstifte
Petersilienreis:
400 g Langkorn-Reis
7½ dl Fleischbouillon
4 Bund Petersilie

1. Das Rindfleisch zuerst in Tranchen, dann in möglichst feine Streifen schneiden.
2. Die Zwiebel und die Knoblauchzehen schälen und sehr fein hacken.

3. Das Olivenöl erhitzen und das Rindfleisch gut anbraten. Die Hitze reduzieren und die Zwiebel-Knoblauch-Mischung beifügen. Alles 5 Minuten gut dünsten.
4. Die Tomaten kurz in kochendes Wasser tauchen, schälen, entkernen und in Würfel schneiden. Pelati-Tomaten werden mitsamt Saft verwendet.
5. Die Äpfel schälen, vierteln, das Kerngehäuse entfernen und in Würfelchen schneiden.
6. Die Pfefferschoten entkernen und sehr fein hacken.
7. Alle diese Zutaten zusammen mit den Rosinen, den halbierten Oliven, dem Zimt, dem Nelkenpulver sowie Salz und Pfeffer zum Rindfleisch geben. Zugedeckt auf kleinem Feuer eine halbe Stunde leise köcheln lassen.

8. Die Mandelstifte ohne weitere Fettzugabe in einer trockenen Bratpfanne hellbraun rösten.
9. Den Reis unter fliessendem Wasser abspülen. Die Bouillon aufkochen, den Reis beigeben und alles auf kleinem Feuer so lange ziehen lassen, bis der Reis die Flüssigkeit praktisch vollständig aufgesogen hat. Unmittelbar vor dem Servieren die feingehackte Petersilie daruntermischen.
10. Den Reis bergartig auf einer Platte anrichten. Das Fleisch darum herum verteilen und mit den gerösteten Mandelstiften bestreuen. Sofort servieren.

Die Menü-Idee
Zur Vorspeise: Ei im Töpfchen S. 26
Zum Dessert: Birnengratin S. 127

Tip

Es lohnt sich, das Fleisch von Hand zu schnetzeln, da es wesentlich zarter wird.

Reisgratin Florentiner Art

Für 4 Personen

500 g tiefgekühlter oder
ca. 1 kg frischer Blattspinat
1 Schalotte oder kleine
Zwiebel
1 Knoblauchzehe
2 Esslöffel Butter
300 g Langkornreis (nicht
verkochende Sorte)
1 dl Weisswein
ca. 7 dl Hühnerbouillon
Salz, Pfeffer, Muskatnuss
Zum Überbacken:
6–8 Eier
1 Esslöffel Butter
1 gehäufter Esslöffel Mehl
3 dl Milch
3 Esslöffel Rahm
50 g geriebener Greyerzer
Salz, Pfeffer, Muskatnuss

1. Den tiefgekühlten Spinat auftauen lassen oder in kochendem Wasser 3–4 Minuten blanchieren, abschütten und gut ausdrücken. Frischen Spinat gründlich waschen und ebenfalls blanchieren.

2. Die Schalotte oder Zwiebel sowie die Knoblauchzehe schälen und fein hacken. In einer grossen Pfanne die Butter schmelzen und die Zwiebel-Knoblauch-Mischung darin anziehen.

3. Den Reis auf kleinem Feuer während ca. 20 Minuten zugedeckt weich, aber noch körnig kochen und mit Salz, Pfeffer und Muskatnuss würzen.

4. Wenn der Reis gar ist, mit Hilfe von zwei Gabeln den Spinat untermischen. Den Spinat-Reis in eine ausgebutterte Gratinform füllen.

5. Während der Reis kocht, die Eier in eine Pfanne mit kaltem Wasser geben. Aufkochen und vom Siedepunkt an während 6 Minuten wachsweich kochen. Sofort unter kaltem Wasser abschrecken und schälen.

6. Für die Sauce in einem kleinen Pfännchen die Butter schmelzen. Das Mehl beifügen und unter Rühren kurz dünsten. Dann die Milch dazugiessen, zu einer glatten Sauce verrühren, aufkochen und auf kleinem Feuer ca. 10 Minuten köcheln lassen. Gelegentlich umrühren, damit die Sauce nicht anbrennt. Am Schluss der Kochzeit den Rahm sowie zwei Drittel des Käses unterrühren und die Sauce mit Salz, Pfeffer und Muskatnuss würzen.

7. Mit einem Löffelrücken 6–8 Vertiefungen (je nach Anzahl Eier) im Spinat-Reis anbringen und die Eier hineinlegen. Mit der Sauce überziehen. Zuletzt den restlichen Käse darüberstreuen. Den Reisgratin im auf 220 Grad vorgeheizten Ofen auf der mittleren Rille während ca. 15 Minuten überbacken. Möglichst heiss servieren.

Rindshaxe an Gemüsesauce

Für 6–8 Personen

1 Rindshaxe am Stück,
ca. 2,5 kg schwer
Salz, schwarzer Pfeffer aus
der Mühle
4 Esslöffel Olivenöl
1 Lauchstengel
½ Sellerie
2 Rüebli
4 mittlere Kartoffeln
1 Zwiebel
1 Lorbeerblatt
2 Nelken
1 Liter kräftiger Rotwein
200 g Champignons
2 dl Rahm

1. Den Ofen auf 250 Grad vorheizen.

2. Die Haxe rundum alle 5 cm mit einem scharfen Messer etwa 1 cm tief einschneiden, damit sich die Haut des Fleisches während des Garens nicht zusammenzieht. Dann die Haxe mit Salz und Pfeffer einreiben.

3. Das Öl in einen grossen Bräter geben und die Haxe hineinlegen. Im vorgeheizten Ofen bei 250 Grad während 15–20 Minuten anbraten, dabei regelmässig wenden.

4. Inzwischen das Gemüse vorbereiten: Den Wurzelansatz sowie grobe, dunkelgrüne Blatteile des Lauches entfernen und den Stengel in Stücke schneiden. Den Sellerie, die Rüebli und die Kartoffeln schälen und würfeln. Die Zwiebel schälen, halbieren und mit dem Lorbeerblatt und den Nelken bestecken.

5. Wenn das Fleisch angebraten ist, das vorbereitete Gemüse neben das Fleisch legen und kurz mitbraten.

6. Die Ofenhitze auf 180 Grad reduzieren und den Rotwein zur Haxe giessen. Alles zugedeckt während etwa 3 Stunden sanft schmoren lassen.

7. Nach etwa 2 Stunden Garzeit löst sich der Knochen vom Fleisch. Diesen sorgfältig herausnehmen. Daran denken, dass der Knochen feinstes Mark enthält, das man zusammen mit etwas Brot einfach so geniessen oder aber als Vorspeise in einer Bouillon servieren kann.

8. Wenn die Rindshaxe sehr weich ist, herausnehmen und mit Folie bedeckt warmhalten.

9. Die Sauce mitsamt dem Gemüse im Mixer fein pürieren und nach Belieben durch ein Sieb streichen. In die Pfanne zurückgeben und auf starkem Feuer noch so lange kochen lassen, bis die Sauce dicklich wird.

10. Die Champignons waschen, rüsten und in Scheiben schneiden. Während der letzten 5 Minuten zusammen mit dem Rahm zur Sauce geben und mitkochen lassen. Mit Salz und Pfeffer abschmecken.

11. Die Rindshaxe tranchieren und in der Sauce nochmals wärmen.

Die Menü-Idee

Zur Vorspeise: Bouillon mit Mark
Als Beilage: Spätzli, Kartoffelstock oder Polenta
Zum Dessert: Meringuierte Apfeltorte S. 169

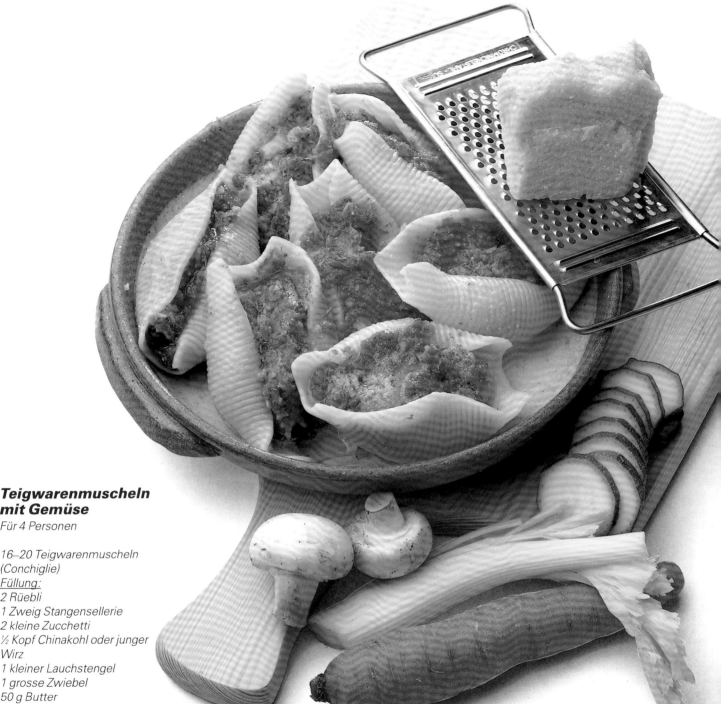

Teigwarenmuscheln mit Gemüse

Für 4 Personen

16–20 Teigwarenmuscheln
(Conchiglie)
Füllung:
2 Rüebli
1 Zweig Stangensellerie
2 kleine Zucchetti
½ Kopf Chinakohl oder junger
Wirz
1 kleiner Lauchstengel
1 grosse Zwiebel
50 g Butter
1 dl trockener Weisswein
1 dl Bouillon
1 Bund Petersilie
Salz, Pfeffer aus der Mühle
½ dl Doppelrahm oder Rahm

50 g geriebener Parmesan
1½ dl Rahm oder reichlich
Butterflöckchen

1. Die Teigwarenmuscheln in reichlich kochendem Salzwasser knapp weich kochen. Abschütten und gut abtropfen lassen. Bis zur weiteren Verwendung in einer Schüssel mit kaltem Wasser aufbewahren.

2. Die Rüebli, den Stangensellerie, die Zucchetti, den Chinakohl oder Wirz, den Lauch und die Zwiebel möglichst fein hacken (eventuell im elektrischen Cutter).

3. Die Butter schmelzen und das Gemüse darin andünsten. Sobald es gut riecht, mit dem Weisswein ablöschen und diesen vollständig einkochen lassen. Dann die Bouillon beifügen und auch diese einkochen lassen. Von Zeit zu Zeit umrühren, damit das Gemüse nicht anbrennt.

4. Die Petersilie fein hacken und unter das nicht zu weich gedünstete Gemüse mischen. Mit Salz und Pfeffer abschmecken und mit dem Rahm verfeinern.

5. Die Teigwarenmuscheln mit dem Gemüse füllen und in eine feuerfeste Form stellen. Mit dem Käse bestreuen und mit dem Rahm beträufeln oder mit reichlich Butterflöckchen belegen. Im auf 220 Grad vorgeheizten Backofen auf der untersten Rille während 12–15 Minuten überbacken. Sofort servieren.

zweite Pfanne geben und die andere besteckte Zwiebel dazugeben.

5. Die Rüebli waschen, schälen, in Viertel schneiden und zusammen mit dem Selleriekraut ebenfalls zum Huhn geben. Alles mit Wasser bedekken. Aufkochen und 1 Stunde gar ziehen lassen. Dann das Rindfleisch beigeben und eine weitere Stunde kochen lassen. Zuletzt das Kalbfleisch hineingeben und mindestens noch eine Stunde ziehen lassen. Den Sud bei der Beigabe des Kalbfleisches salzen und pfeffern.

6. Die Fleischstücke und die Wurst aus dem Sud nehmen. Die Zunge von der Haut befreien. Das Fleisch in Tranchen schneiden und auf einer vorgewärmten Platte zusammen mit den Rüebli anrichten. Mit der Salsa verde servieren.

7. Für die Sauce alle Kräuter gut waschen und fein schneiden. Die Zwiebel und die Knoblauchzehen schälen und ebenfalls fein schneiden. Den grünen Pfeffer unter lauwarmem Wasser abspülen und zerdrücken. Mit Ausnahme des Eies alle Saucenzutaten in ein Schüsselchen geben und zu einer sämigen Sauce rühren. Das Ei fein hacken und zuletzt unter die Sauce mischen.

> **Tip**
>
> Die Fleischbrühe kann entfettet und als Vorspeise mit einer Einlage, zum Beispiel in Streifen geschnittene Omelettchen oder Teigwaren, serviert werden. Die entfettete Suppe eignet sich übrigens auch gut zum Einfrieren (Haltbarkeit: ca. 6 Monate).

Die Menü-Idee
Zur Vorspeise: Flädlisuppe
Zum Dessert: Meringuierte Apfeltorte S. 169

Bollito misto mit salsa verde

Für 10–12 Personen

1 gesalzene Rindszunge, ca. 1 kg schwer
2 grosse Zwiebeln
2 Lorbeerblätter
6 Nelkenköpfe
1 Kochwurst (z. B. Saucisson vaudoise oder Neuenburger Wurst)
1 Suppenhuhn
4 Rüebli
1 Zweig Selleriekraut

1 kg Rindfleisch zum Sieden
1 kg Kalbsbraten, vom Metzger gebunden
Salz, Pfeffer aus der Mühle
<u>*Salsa verde:*</u>
1 Bund Petersilie
1 Bund Schnittlauch
einige Basilikumblätter
1 grosse Zwiebel
2 Knoblauchzehen
1 Esslöffel grüner Pfeffer
1 Esslöffel Senf
Salz, Pfeffer aus der Mühle
½ dl Rotweinessig
¾ dl Olivenöl
1 hartgekochtes Ei

1. Die Rindszunge in eine Pfanne geben und mit Wasser bedecken.

2. Die Zwiebeln je mit einem Lorbeerblatt und drei Nelken bestecken.

3. Die eine Zwiebel zur Rindszunge geben und alles aufkochen. Auf kleinem Feuer während ca. 3 Stunden gar ziehen lassen; das Wasser soll dabei nicht sprudelnd kochen, sondern nur leise simmern. Ungefähr 45 Minuten vor Ende der Kochzeit die Wurst beifügen.

4. Das Suppenhuhn in eine

Chicorée-Wähe

Für 4 Personen

4 mittlere Chicoréestangen
ca. 300 g Kuchenteig
Guss:
2 Eier
1½ dl Milch
1½ dl Kaffee- oder Halbrahm
50 g geriebener Greyerzer
Salz, Pfeffer
Muskatnuss

1. Die Chicoréestangen der Länge nach halbieren und den Strunk leicht ausschneiden. Das Gemüse in einer eher weiten Pfanne in nicht zuviel Salzwasser knapp weich dünsten. Sorgfältig herausheben und gut abtropfen lassen.

2. Den Kuchenteig 3 mm dick auswallen und eine Pieform oder ein rundes Wähenblech von ca. 22 cm Durchmesser damit auslegen.

3. Die ausgekühlten Chicoréehälften satt nebeneinander auf dem Teigboden einschichten.

4. Für den Guss die Eier mit der Milch, dem Rahm, dem Käse und den Gewürzen verquirlen. Über die Chicoréehälften verteilen. Die Wähe im auf 200 Grad vorgeheizten Ofen auf der untersten Rille während 25–30 Minuten backen.

Tip

Chicorée ist ein praktischer Gemüsevorrat, hält er sich doch in einem Plastikbeutel im Gemüsefach des Kühlschranks bis zu einer guten Woche frisch. Bei Verwendung als Gemüse unbedingt den Strunk keilförmig herausschneiden, da dieser oft Bitterstoffe enthält, die gekocht besonders stark hervortreten. Zum Kochen keine Aluminium- oder Eisenpfanne verwenden, da sich dort der Chicorée dunkel verfärbt.

Glasierter Schinken an Ingwersauce

Für 12 Personen

1 Rollschinken
1 grosse Zwiebel
1 Lorbeerblatt
2 Nelken
Glasur:
4 Esslöffel Weisswein
4 Esslöffel scharfer Senf
1 Teelöffel Ingwerpulver
1 zerdrückte Knoblauchzehe
Nelkenköpfe zum Spicken
Puderzucker zum Bestreuen
4 dl Weisswein
20 g kandierter oder
eingelegter Ingwer
3 dl Rahm
Salz, Pfeffer aus der Mühle

1. Den Schinken mit der besteckten Zwiebel in einer grossen Pfanne mit viel Wasser während 3½ Stunden unmittelbar vor dem Siedepunkt ziehen lassen. Man rechnet pro Kilogramm Schinken eine Stunde Garzeit. Herausnehmen und gut abtropfen lassen. Die Schwarte sehr dünn abziehen. Dann den Schinken auf der Fettseite kreuzweise ziemlich tief einschneiden.

2. Alle Zutaten für die Glasur miteinander verrühren und den Schinken damit gut einpinseln.

3. Dann in einen grossen Bräter legen und die Einschnitte mit Nelken spicken. Mit reichlich Puderzucker bestreuen. Den Weisswein und den feingehackten Ingwer beifügen. Im auf 200 Grad vorgeheizten Ofen unter häufigem Begiessen während 45 Minuten braten. Der Schinken soll eine schöne Kruste erhalten.

4. Die Flüssigkeit in ein kleines Pfännchen abgiessen und möglichst gut entfetten. Den Schinken inzwischen zugedeckt warm stellen.

5. Die Flüssigkeit gut zur Hälfte einkochen lassen.

6. Dann mit dem Rahm verfeinern und mit Salz und Pfeffer nachwürzen. Noch etwas kochen lassen, in eine Saucière anrichten und separat zum Schinken servieren.

Die Menü-Idee

Zur Vorspeise: Avocado-Gnocchi S. 161
Als Beilage: Trockenreis
Zum Dessert: Vanillecreme mit Schneeball-Eiern S. 128

160

Avocado-Gnocchi

Für 4 Personen

2 Avocados
250 g Ricotta oder
ersatzweise Speisequark
75 g geriebener Parmesan
oder Sbrinz
1 Ei
¼ Teelöffel Salz
reichlich Muskatnuss
ca. 125 g Mehl
Tomatensauce:
1 mittlere Zwiebel
1 Esslöffel Butter
1 Dose Pelati-Tomaten (ca.
400 g)
Salz, Pfeffer aus der Mühle

Zum Überbacken:
75 g geriebener Parmesan
oder Sbrinz
einige Butterflöckchen

1. Die Avocados halbieren, den Stein entfernen, schälen und das Fruchtfleisch mit einer Gabel fein zerdrücken. Dann den Ricotta oder Quark, den geriebenen Käse, das Ei, das Salz und die Muskatnuss beifügen und alles gut mischen. Dann so viel Mehl zugeben, dass der Teig immer noch zart ist, jedoch nicht mehr an den Händen klebt.

Daraus in etwas Mehl nussgrosse Gnocchi formen.
2. Reichlich Salzwasser aufkochen und jeweils 10–12 Gnocchi auf einmal hineingeben. Sobald sie an die Oberfläche steigen, noch 1 Minute ziehen lassen. Mit einer Schaumkelle herausnehmen und in eine ausgebutterte Gratinform geben. Es ist empfehlenswert, ein Probe-Gnocchi zu kochen; falls es zerfällt, muss man dem Teig noch etwas Mehl beifügen.
3. Für die Tomatensauce die Zwiebel schälen, fein hacken und in der Butter andünsten.

Die Pelati-Tomaten mitsamt Saft beifügen und alles während ca. 15 Minuten köcheln lassen. Mit Salz und Pfeffer würzen.
4. Die Tomatensauce über die Gnocchi verteilen. Den geriebenen Käse darüberstreuen und alles mit reichlich Butterflöckchen belegen. Im auf 220 Grad vorgeheizten Ofen auf der untersten Rille 15–20 Minuten überbacken.

Wildpfeffer Burgunderart

Für 6 Personen

1,5 kg Wildragout ohne Knochen (mit Knochen gewogen ca. 2 kg)
Beize:
1,5 l guter Rotwein
1 dl Rotweinessig
1 Zwiebel, besteckt mit Nelke und Lorbeerblatt
2 Rüebli, geschält und halbiert
1 Thymianzweiglein
1 Tannenzweiglein
1 Teelöffel weisse Pfefferkörner
6 Wacholderbeeren
1 Knoblauchzehe

50 g Speckwürfelchen
2 Esslöffel eingesottene Butter
Salz, Pfeffer aus der Mühle
wenig Mehl
200 g Champignons oder Eierschwämmchen
5 dl guter Rotwein
1 Bouillonwürfel
1 dl Rahm
nach Belieben ½ dl Reh- oder Schweinsblut

1. Für die Beize alle Zutaten zusammen aufkochen, auskühlen lassen und über das Ragout giessen. An einem kühlen Ort mindestens vier bis fünf Tage stehen lassen. Die Fleischstücke regelmässig wenden.

2. Vor der Zubereitung das Fleisch aus der Beize nehmen und diese für die Sauce auf die Seite stellen. Das Fleisch mit Küchenpapier trocknen.

3. In einem grossen Brattopf die Speckwürfelchen langsam anrösten. Herausnehmen.

4. Das Fleisch salzen, pfeffern und sparsam mit Mehl bestäuben. In der eingesottenen Butter portionenweise anbraten. Aus der Pfanne nehmen.

5. Die gewaschenen, aber ganzen Champignons oder Eierschwämme im Bratensatz kurz andünsten. Das Fleisch, die Speckwürfelchen sowie die Rüebli aus der Beize beifügen, mit dem Wein ablöschen und diesen etwas einkochen lassen. Dann den Bouillonwürfel und so viel Beize hinzufügen, dass das Fleisch mit Flüssigkeit bedeckt ist. Zugedeckt auf kleinem Feuer auf dem Herd oder im vorgeheizten Backofen bei 220 Grad je nach Fleischsorte und Qualität 1–1½ Stunden schmoren lassen. Die Flüssigkeit regelmässig kontrollieren; sie darf höchstens zur Hälfte einkochen. Bei Bedarf noch etwas Beize hinzufügen.

6. Das Fleisch vor dem Servieren aus der Sauce nehmen und zugedeckt warm stellen. Die Sauce absieben und in die Pfanne zurückgeben, aufkochen, den Rahm beigeben und noch einen Moment köcheln lassen. Dann nach Belieben zum Binden der Sauce das Blut beigeben; es darf jedoch auf keinen Fall kochen, sonst gerinnt es.

7. Das Fleisch sowie die Pilze in die Sauce zurückgeben und alles nur noch heiss werden lassen.

Die Menü-Idee
Zur Vorspeise:
Blumenkohlsalat mit Roquefort S. 163
Als Beilage: Spätzli sowie alle andern klassischen Wildbeilagen wie Rotkabis, gefüllte Äpfel usw.
Zum Dessert: Caramelisierter Birnenkuchen S. 168

> **Tip**
> Kauft man den Pfeffer bereits eingelegt, so benötigt man mindestens 6–7 dl Beize.

Blumenkohlsalat mit Roquefort

Für 4 Personen als Vorspeise oder Beilage

750 g Blumenkohl
Saft von ½ Zitrone
<u>Sauce:</u>
4 Esslöffel Essig
1 Knoblauchzehe
½ Teelöffel Senf
1 Esslöffel gehackte Petersilie
Salz, schwarzer Pfeffer aus der Mühle
5 Esslöffel Sonnenblumenöl

50 g ausgelöste Baumnusskerne
75 g Roquefort oder ein anderer Blauschimmelkäse

1. Den Blumenkohl in Röschen teilen; die Storzen werden für diesen Salat nicht mitverwendet. Das Gemüse gut waschen, dann zusammen mit dem Zitronensaft in siedendes Salzwasser geben und knapp weich kochen. Die Blumenkohlröschen sollen noch »Biss« haben.

2. In einer Schüssel den Essig, die durchgepresste Knoblauchzehe, den Senf, die Petersilie, das Salz und den Pfeffer miteinander verrühren. Zuletzt das Öl beifügen.

3. Die Sauce über die noch warmen Blumenkohlröschen giessen. Etwas auskühlen lassen, dann die grobgehackten Baumnüsse und den in kleine Würfelchen geschnittenen Roquefort sorgfältig daruntermischen. Den Salat möglichst noch lauwarm servieren.

Maisschnitten mit Rohschinken, Käse und Salbei

Für 4–5 Personen

1 l Wasser
1 gestrichener Teelöffel Salz
250 g grober oder feiner
Maisgriess
Zum Überbacken:
120 g Bündner Rohschinken
200 g Raclettekäse
einige frische Salbeiblätter

1. Das Wasser mit dem Salz aufkochen. Den Mais einlaufen lassen, dabei mit einer Kelle immer in der gleichen Richtung rühren, damit eine möglichst glatte Polenta entsteht. Die Hitze ganz klein stellen und den Maisbrei unter möglichst häufigem Rühren ¾–1 Stunde kochen lassen.
2. Den Rücken eines Backbleches leicht einbuttern und den heissen Maisbrei ca. 1 cm dick darauf ausstreichen. Dabei den Spachtel immer wieder in Wasser tauchen, damit der Mais nicht kleben bleibt. Vollständig auskühlen lassen.

3. Inzwischen den Rohschinken in kleine Stücke und den Käse in dünne Scheiben schneiden.
4. Den erkalteten Mais in Quadrate oder Rechtecke schneiden und diese auf ein bebuttertes Backblech legen. Jede Maisschnitte mit einigen Stückchen Rohschinken, einer Käsescheibe sowie einem kleinen Salbeiblatt belegen.
5. Die Maisschnitten im auf 200 Grad vorgeheizten Ofen auf der untersten Rille während ca. 15 Minuten überbakken. Sofort möglichst heiss servieren.

Tip
Besonders gut geeignet für eine kräftige Polenta ist der grobe Maisgriess, auch unter der Bezeichnung Bramata erhältlich. Wesentlich schneller in der Zubereitung ist jedoch die feingemahlene 2-Minuten-Polenta.

Warmer Kartoffelsalat mit Speck und Eiern

Für 4 Personen als kleine Mahlzeit

1 kg Kartoffeln (möglichst festkochende Sorte)
2 ½ dl Bouillon
4 Esslöffel Essig
einige Umdrehungen schwarzer Pfeffer
1 grosse Zwiebel
100 g Speck
1 Esslöffel Öl
4 sehr frische Eier
1 l Salzwasser
1–2 Esslöffel Essig
1 Bund Schnittlauch

1. Die Kartoffeln in der Schale in nicht zuviel Wasser oder im Dampfkochtopf knapp weich kochen. Noch heiss schälen und in Scheiben schneiden.

2. Während die Kartoffeln kochen, die Bouillon mit dem Essig und etwas gemahlenem Pfeffer aufkochen und 5 Minuten ziehen lassen. Über die heissen Kartoffeln träufeln.

3. Die Zwiebel fein hacken, den Speck in Streifchen schneiden. In einer Bratpfanne das Öl erhitzen und die Zwiebel und den Speck darin hellgelb braten. Mitsamt dem ausgetretenen Speckfett zu den Kartoffeln geben und alles sorgfältig mischen.

4. Das Salzwasser und den Essig aufkochen. Ein Ei nach dem andern in einer Tasse aufschlagen und von dort aus in das kochende Wasser gleiten lassen. 3–4 Minuten leicht kochen lassen, dann die Eier mit einer Schaumkelle herausheben, die Eiränder mit einer Schere zurechtschneiden und auf dem Salat anrichten. Zuletzt mit dem Schnittlauch bestreuen.

Tip
Dieser Kartoffelsalat passt auch als Beilage zu grillierten Würsten oder Koteletts.

Potage Parmentier

(Kartoffel-Lauch-Suppe)
Für 4 Personen

500 g Kartoffeln
3 Lauchstengel
2 Esslöffel Butter
1 l Gemüse- oder
Fleischbouillon
2 dl Milch
½ dl Rahm
Salz, Pfeffer aus der Mühle
2 Scheiben Toastbrot
1 Esslöffel Butter

1. Die Kartoffeln schälen und fein würfeln.
2. Den Lauch rüsten, gründlich waschen und in Ringe schneiden.
3. In einer tiefen Pfanne die Butter erhitzen und den Lauch andünsten. Die Kartoffeln und die Bouillon beifügen und alles zugedeckt ca. 25 Minuten köcheln lassen. In den Mixer geben und fein pürieren.
4. Die Suppe wieder in die Pfanne zurückgeben und die Milch sowie den Rahm beifügen. Mit Salz und Pfeffer wür-

zen und noch fünf Minuten leicht kochen.
5. Das Toastbrot in kleine Würfel schneiden und in der Butter goldbraun rösten. Unmittelbar vor dem Servieren über die Suppe streuen.

Tip
Nach Belieben kann man vor dem Pürieren einen Teil der Lauchringe mit einer Schaumkelle herausheben und sie am Schluss der pürierten Suppe wieder beifügen.

Scharfes Rindfleisch mit Gemüse und Erdnüsschen

Für 4 Personen

300 g Rindshuft am Stück
1 Eiweiss
1 Esslöffel Weisswein oder Sherry
1 grosses Rüebli
½ Salatgurke
2 Frühlingszwiebeln mitsamt Röhrchen oder 1 kleiner Lauchstengel
4 Esslöffel Erdnussöl
5 ganze getrocknete Pfefferschötchen
1 Knoblauchzehe
1 Messerspitze Cayennepfeffer
2–3 Esslöffel Sojasauce
2–3 Esslöffel Weisswein oder Sherry
¼ Teelöffel Zucker

½ Tasse ausgelöste Erdnüsschen
Salz
nach Belieben einige Tropfen Sesamöl

1. Das Rindfleisch in möglichst dünne, etwa fünfflibergrosse Scheiben schneiden.
2. Das Eiweiss und den Wein oder Sherry miteinander verrühren und sorgfältig mit dem Fleisch mischen. 10–15 Minuten ziehen lassen.
3. Inzwischen das Rüebli und die Salatgurke schälen. Letztere mit einem Löffel entkernen. Dann beide Gemüse in feine Streifchen schneiden. Die Frühlingszwiebeln oder den Lauch in dünne Ringe schneiden.
4. 2 Esslöffel Öl rauchheiss erhitzen. Das Fleisch beifügen und sekundenschnell unter

Rühren anbraten. Herausnehmen.
5. Dann das restliche Öl beifügen und die getrockneten ganzen Pfefferschötchen so lange braten, bis sie dunkelbraun sind. Herausnehmen und nicht mehr weiter verwenden, denn sie sollen dem Öl nur ein spezielles Aroma verleihen.
6. Jetzt die Rüebli- und Gurkenstreifen beifügen, die Knoblauchzehe dazupressen und mit Cayennepfeffer würzen. Alles unter Rühren nicht länger als 1 Minute braten.
7. Dann das Fleisch wieder beigeben. Die Sojasauce, den Wein oder Sherry, den Zucker, die Erdnüsschen und die Lauchringe beifügen und unter stetem Rühren gut heiss werden lassen. Wenn nötig mit Salz würzen und mit Cayennepfeffer abschmekken. Nach Belieben mit Sesam-

öl beträufeln; dieses ist sehr stark im Aroma, deshalb nur tropfenweise verwenden. Das Gericht sofort auf einer vorgewärmten Platte anrichten.

Die Menü-Idee

Zur Vorspeise: Potage Parmentier S. 166
Als Beilage: Trockenreis
Zum Dessert: Ananas im Mantel an Orangensauce S. 170

Tip

Verwendet man ausgelöste Erdnüsschen, die bereits gesalzen sind, so sollte man mit Würzen sehr zurückhaltend sein.

Caramelisierter Birnenkuchen

Für 6–8 Personen

Teig:
200 g Mehl
1 Prise Salz
1 Esslöffel Zucker
150 g Butter
1 Ei
Füllung:
1,5 kg Birnen
150 g Zucker
30 g Butter
3 dl Rotwein

nach Belieben geschlagener Rahm zum Servieren

1. Für den Teig das Mehl in eine Schüssel sieben und mit dem Salz und dem Zucker mischen. Die möglichst kalte Butter in Flocken dazuschneiden und alles mit den Fingern zu einer feinen, bröseligen Masse zerreiben. Schnell arbeiten, damit die Butter nicht zu warm wird.

2. Das Ei verquirlen und beifügen. Alles rasch zu einem Teig zusammenfügen. Hält der Teig nicht zusammen, 1–2 Esslöffel kaltes Wasser zugeben. Den Teig in Klarsichtfolie gewickelt mindestens ½ Stunde, besser aber länger im Kühlschrank ruhen lassen.

3. Inzwischen die Birnen schälen, halbieren und das Kerngehäuse ausstechen.

4. Den Zucker und die Butter in einer weiten Pfanne schmelzen und caramelisieren, d. h. braun werden lassen.

5. Die Pfanne vom Herd nehmen und die Birnenhälften dicht nebeneinander in die Pfanne legen. Unter sorgfältigem Wenden die Birnen auf kleinstem Feuer mit Caramel überziehen. Dann mit dem Wein ablöschen und die Früchte weich kochen. Die Kochzeit variiert je nach Reifegrad und Sorte der Birnen beträchtlich.

6. Die Birnen ohne Sauce dicht nebeneinander mit der Schnittfläche nach oben in eine runde Form legen. So zusammenstossen, dass sie etwa 2 cm Abstand vom Rand haben.

7. Die Kochflüssigkeit auf grossem Feuer sirupartig einkochen lassen und über die Birnen träufeln. Alles auskühlen lassen.

8. Den Teig zwischen zwei Klarsichtfolien etwas grösser als die Form auswallen und über die Birnen legen. Den Teigrand zwischen den Birnen und dem Formenrand hinunterstossen. Den Teig mit einer Gabel mehrmals einstechen.

9. Den Kuchen im auf 220 Grad vorgeheizten Ofen auf der untersten Rille ca. 25 Minuten backen, bis der Teig hellbraun ist. Aus dem Ofen nehmen, drei Minuten stehenlassen, dann den Kuchen auf eine Tortenplatte stürzen. Wartet man zu lange damit, kleben die Birnen an der Form. Nach Belieben geschlagenen Rahm dazu servieren.

Tip

Als Backform eignet sich besonders gut eine Pieform, eine runde Gratinform oder ein Teflonbackblech. Weniger zu empfehlen ist hingegen ein gewöhnliches Schwarzblech, weil hier die Birnen gerne einen leichten Metallgeschmack annehmen, oder eine Springform, bei der der Caramelsirup oft herausläuft.

Meringuierte Apfeltorte

*Für eine Pie- oder Springform
von ca. 22 cm Durchmesser*

<u>Teig:</u>
*200 g Mehl
1 Prise Salz
100 g Butter
3 Esslöffel Milch*
<u>Füllcreme:</u>
*2 Eigelb
2 Esslöffel Zucker
1 Esslöffel Maizena
2 dl Milch*
<u>Zum Belegen:</u>
*1 kg säuerliche Äpfel
50 g Butter*
<u>Meringuemasse:</u>
*2 Eiweiss
50 g Puderzucker*

1. Für den Teig das Mehl in eine Schüssel sieben und mit dem Salz mischen. Die möglichst kalte Butter in kleinen Flocken zum Mehl schneiden. Mit den Fingern alles rasch zu einer bröseligen Masse reiben. Dann die ebenfalls kalte Milch beifügen und alles ganz kurz zu einer glatten Teigkugel kneten. In Folie wickeln und im Kühlschrank mindestens 30 Minuten ruhen lassen.

2. Inzwischen die Füllcreme zubereiten: Die Eigelb mit dem Zucker zu einer hellen, dicklichen Masse aufschlagen. Das Maizena darübersieben und sorgfältig unterheben. Dann die Milch beifügen. Alles in ein kleines Pfännchen geben und unter Rühren aufkochen. Es soll eine dicke Creme entstehen. Unter gelegentlichem Umrühren auskühlen lassen.

3. Die Äpfel schälen, vierteln und das Kerngehäuse entfernen. In Schnitzchen schneiden. Die Butter in einer grossen Pfanne schmelzen und die Äpfel darin so lange dünsten, bis sie glasig, d. h. knapp weich sind.

4. Knapp die Hälfte des Teiges auf dem Boden einer gefetteten und leicht bemehlten Springform oder Pieform auswallen. Aus dem restlichen Teig den Rand formen, diesen ca. 3 cm hochziehen. Den Boden mit einer Gabel mehrmals einstechen. Getrocknete Hül-

senfrüchte (z. B. Erbsen oder Bohnen) auf dem Boden verteilen und diesen im auf 220 Grad vorgeheizten Ofen auf der untersten Rille ca. 20 Minuten blind backen. Herausnehmen und die Hülsenfrüchte entfernen (sie können immer wieder zum Blindbacken verwendet werden).

5. Auf dem Teigboden die Füllcreme ausstreichen und die Äpfel darauf verteilen.

6. Die Eiweiss steif schlagen. Dann löffelweise den Puderzucker darunterschlagen, bis eine feste, glänzende, schneeweisse Masse entstanden ist. Diese mit einem Löffel oder mit dem Spritzsack auf dem Kuchen verteilen. Den Kuchen auf der mittleren Rille in den Backofen schieben und noch-

mals 10–15 Minuten bei 220 Grad überbacken, bis die Eiweisshaube kleine braune Flecken aufweist.

Ananas im Mantel an Orangensauce

Für 4 Personen

Teig:
100 g Mehl
1 Ei
1,5 dl Wasser

8 Scheiben Ananas aus der Dose (ca. 300 g abgetropft)
Sauce:
2 Orangen
3 Esslöffel Honig
nach Belieben 1 Messerspitze Ingwerpulver

1. Das Mehl in eine Schüssel sieben.

2. Das Ei und das Wasser verquirlen und unter fortwährendem Rühren zum Mehl geben. Es soll ein glatter Teig entstehen.

3. Die Ananasscheiben gut abtropfen lassen, eventuell mit etwas Haushaltspapier trocken tupfen.

4. In einer Bratpfanne reichlich Butter erhitzen. Die Ananasscheiben portionenweise durch den Teig ziehen und in der Butter auf beiden Seiten goldbraun braten. Herausnehmen und bis zum Servieren warm stellen.

5. Für die Sauce die Schale von ½ Orange dünn abreiben (nur das Gelbe, die weissen Schalenteile sind sehr bitter!). Dann die Orangen auspressen. Den Saft mit der abgeriebenen Schale, dem Honig und nach Belieben dem Ingwerpulver aufkochen. Warm zu den Ananas servieren.

Tip

Vorsicht: Ingwerpulver kann sehr scharf sein und sollte deshalb nur messerspitzenweise verwendet werden.

Überbackene Quark-Omelettchen

Für 4 Personen als süsse Mahlzeit, für 8 Personen als Dessert

Teig:
100 g Mehl
1 Prise Salz
2 dl Milch
2 Eier
1 Esslöffel Öl
Butter zum Backen der Omeletten
Füllung:
50 g Butter
75 g Zucker
3 Eier
abgeriebene Schale von 1 Zitrone
500 g Speisequark oder Ricotta
1 Glas Aprikosenkonfitüre
Guss:
1 Ei
2 dl Rahm
½ Päckli Vanillezucker
1 Esslöffel Zucker
einige Butterflöckchen

1. Das Mehl in eine Schüssel sieben, mit dem Salz mischen, die Milch beifügen und alles zu einem glatten Teig rühren. Erst dann die Eier und das Öl beifügen. Den Teig vor dem Ausbacken ca. 30 Minuten ruhen lassen.

2. In einer Bratpfanne etwas Butter erhitzen und auf mittlerem Feuer 8–10 dünne Omelettchen backen.

3. Für die Füllung die Butter bei Zimmertemperatur weich werden lassen. Dann mit dem Zucker und den Eiern zu einer schaumigen Masse aufschlagen. Die Zitronenschale und den Speisequark sorgfältig daruntermischen.

4. Die Omeletten mit Aprikosenkonfitüre bestreichen und etwas Quarkmasse darauf verteilen. Sorgfältig aufrollen.

5. Eine Gratinform ausbuttern. Die Omeletten je nach Grösse in drei bis vier Stücke schneiden, möglichst ohne grossen Druck anzuwenden, damit die Füllung nicht herausquillt. Die Omelettenstücke aufrecht in die Gratinform stellen.

6. Für den Guss das Ei, den Rahm, den Vanillezucker und den Zucker verquirlen und über die Omeletten giessen. Alles grosszügig mit Butterflöckchen belegen.

7. Die Quark-Omelettchen im auf 200 Grad vorgeheizten Ofen auf der mittleren Rille 20–25 Minuten backen. Heiss servieren.

Tip

Anstelle von Aprikosenkonfitüre kann man auch eine andere, eher säuerliche Konfitüre, Gelee, tiefgekühlte oder frische Beeren oder fein gewürfelte Aprikosenhälften aus der Dose verwenden.

Apfelstrudel Wiener Art

Ergibt einen Riesenstrudel oder zwei kleinere Strudel

Teig:
300 g Mehl
1,5 dl Milch
2 Esslöffel Öl
1 Ei
1 Teelöffel Salz
Füllung:
125 g Rosinen
2 kg säuerliche Äpfel
(z. B. Boskop)
150 g Zucker
2 Teelöffel Zimt
2 Esslöffel Rum
abgeriebene Schale von
1 Zitrone
100 g gemahlene Haselnüsse
oder Mandeln
150 g Butter
150 g frisch geriebenes
Paniermehl (aus
Weissbrotresten)
Puderzucker zum Bestreuen
Vanillesauce:
6 dl Milch
20 g Maizena
2 Eigelb
50 g Zucker
1 Vanillestengel

1. Das Mehl in eine Schüssel sieben. Die Milch, das Öl, das Ei und das Salz miteinander verquirlen und zum Mehl geben. Alles mit einer Kelle zu einem Teig zusammenfügen, dann aus der Schüssel nehmen und so lange von Hand bearbeiten, bis er weich und elastisch ist. Bei Zimmertemperatur unter einem mit warmem Wasser angefeuchteten Tuch mindestens 30 Minuten ruhen lassen.

2. In der Zwischenzeit die Rosinen in warmem Wasser einweichen. Die Äpfel schälen, in Viertel schneiden, das Kerngehäuse entfernen und die Äpfel in möglichst feine Scheibchen schneiden. In einer grossen Schüssel mit den eingeweichten, gut abgetropften Rosinen, dem Zucker, dem Zimt, dem Rum, der abgeriebenen Zitronenschale und den Nüssen mischen.

3. Den Strudelteig auf der gut bemehlten Arbeitsfläche so dünn wie möglich auswallen. Zuletzt kann man ihn über dem Handrücken papierdünn ausziehen.

4. Die Butter in einem Pfännchen schmelzen und mit einem Teil den ausgewallten Teig bestreichen. Zwei Drittel der Teigbreite mit dem Paniermehl bestreuen und die Apfelfüllung darauf verteilen. Den Teig auf drei Seiten einschlagen, dann den Strudel sorgfältig aufrollen. Den vierten Rand mit Wasser bestreichen und gut andrücken. Die Strudelrolle vorsichtig auf den Rücken eines grossen, leicht bebutterten Backbleches legen (eventuell leicht biegen, damit sie Platz hat) und mit flüssiger Butter bestreichen.

5. Den Strudel im auf 220 Grad vorgeheizten Backofen auf der untersten Rille während ca. 40 Minuten backen. Dabei mehrmals mit flüssiger Butter einpinseln. Den Strudel noch warm mit Puderzucker bestreuen und lauwarm oder kalt servieren.

6. Für die Vanillesauce etwas Milch mit dem Maizena verrühren, dann mit der restlichen Flüssigkeit, den Eigelb und dem Zucker in ein Pfännchen geben. Den Vanillestengel aufschneiden, die Samen herauskratzen und mit dem Stengel in die Milch geben. Unter stetem Rühren mit dem Schwingbesen aufkochen, bis die Sauce leicht bindet. Unter gelegentlichem Rühren erkalten lassen. Separat zum Strudel servieren.

Tip

Apfelstrudel gehört zu den praktischen Desserts für eine grosse Gästerunde. Besonders gut schmeckt er lauwarm serviert. Man kann ihn bis aufs Backen vorbereiten und muss ihn dann vor dem Essen nur noch in den Ofen schieben.

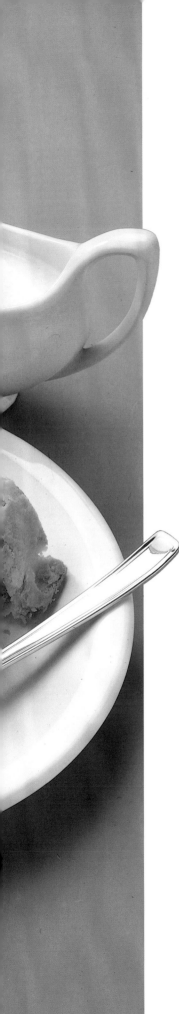

Orangen-Schaumcreme

Für 4–6 Personen

4 Eigelb
8 Esslöffel Zucker
4 Esslöffel Mehl
4 dl Orangensaft
abgeriebene Schale von
1 Orange
4 Eiweiss
2 Esslöffel Zucker

1. Die Eigelb mit dem Zucker und dem Mehl in einer kleinen Pfanne gut verrühren.
2. Den Orangensaft und die abgeriebene Orangenschale beifügen. Die Masse auf kleinem Feuer unter ständigem Rühren mit dem Schwingbesen erhitzen; die Creme darf jedoch nicht kochen, sonst scheidet sie. Wenn nötig, die Pfanne für kurze Zeit von der Herdplatte ziehen. So lange rühren, bis die Creme leicht dicklich ist. Erkalten lassen, dabei öfters umrühren, damit sich keine Haut bildet.
3. Die Eiweiss steif schlagen, dann unter Weiterrühren den Zucker einrieseln lassen. Der Schnee soll schnittfest und glänzend werden. Sorgfältig

unter die erkaltete Creme ziehen. Bis zum Servieren im Kühlschrank aufbewahren.

Tip

Wichtig ist, dass man nur das Gelbe der Orangenschale abreibt; der weisse Schalenteil ist bitter und kann die Creme ungeniessbar machen. Verwenden Sie für die Zubereitung auch nie eine Aluminiumpfanne, da sonst die Creme einen Metallgeschmack erhält.

Rezepte, alphabetisch

Rezepte, nach Gruppen geordnet

Schnelle Rezepte

Rezepte, die etwas Zeit brauchen

Rezepte zum Vorbereiten

Unkomplizierte Rezepte

Rezepte, eher etwas teuer

Preisgünstige Rezepte

Rezepte, auch als Vorspeise geeignet

 Fleischlose Hauptgerichte

Desserts und süsse Mahlzeiten